FRANÇOIS LEGAULT ET LE PROGRAMME TOTALITAIRE DE VACCINS BIOMÉTRIQUES DE LA COVID-19

I0134811

Peter Tremblay

Préface du Dr. John Chang

Agora Books

Agora Books~TM~
Ottawa, Canada

François Legault et Le Programme Totalitaire de Vaccins Biométrique de la COVID-19

Agora Books
B.P. 24191
300 Eagleson Road
Kanata, Ontario K2M 2C3

Agora Books est une maison d'autoédition pour les auteurs qui a été fondée par Agora Cosmopolitan, une corporation enregistrée à but non lucratif.

ISBN 978-1-77838-025-9

Imprimé au Canada

Table des Matières

AVANT-PROPOS

LORSQUE J'ÉTUDIAIS À LA FACULTÉ de médecine pour devenir médecin, je le faisais pour servir les patients, et non pour servir un quelconque programme commercial. Le credo de ma profession est de « ne pas faire de mal ». Il s'agit là de mon serment d'Hippocrate.

À la faveur de François Legault et de tous les autres politiciens lâches du Canada, nous vivons maintenant dans une société où la politique en matière de santé est dictée par les désirs de compagnies pharmaceutiques multimilliardaires. Visiblement, les gouvernements n'ont nul besoin de soumettre leurs vaccins à de rigoureux tests indépendants. Si les grandes firmes pharmaceutiques affirment que le vaccin qu'elles produisent est correct et qu'il est dans l'intérêt des consommateurs de l'utiliser, alors cela doit être le cas. Du moins, c'est ce que l'on me dit.

Je suis censé fermer les yeux sur les données ou les traumatismes médicaux de mes patients qui s'opposent à la vaccination. Si la première dose du vaccin contre la COVID rend mes patients très malades, donnez-leur une deuxième dose ; s'ils sont encore plus malades ou, Dieu nous en préserve, meurent, laissez leurs familles les enterrer. Quoi que vous répondiez à la famille, maquillez une condition médicale préexistante si nécessaire, et ne blâmez pas le vaccin.

Si un médecin ou un scientifique présentent des données indiquant que les vaccins contre la COVID-19 ne sont pas totalement sans risques, ils seront considérés comme des désinformateurs. Nous ne pouvons pas laisser ces médecins ou ces scientifiques faire obstacle au progrès, n'est-ce pas ?

L'époque des personnalités politiques comme Tommy Douglas, qui s'opposaient au lobby médical et à son désir d'exploiter nos citoyens à des fins mercantiles, est révolue. Si vous voulez garder votre emploi dans cet hôpital, ou n'importe quel autre emploi dans la profession médicale d'ailleurs, alors suivez la ligne du parti.

Eh bien, mes chers compatriotes, mon intégrité n'est pas à vendre. Je suis solidaire de nombreux autres membres de ma profession dont l'intégrité n'est pas davantage à vendre.

Ne nous leurrons pas, notre incapacité, en tant que société, à défendre la nécessité d'un contrôle indépendant et d'un débat rigoureux sur les vaccins contre la COVID-19 encouragera les firmes pharmaceutiques à s'attendre au même traitement de faveur pour tout produit futur qu'elles conçoivent pour réaliser des profits commerciaux, quelles que soient les blessures, le chaos et la destruction que ces produits peuvent causer. Est-ce là l'avenir que nous voulons pour nos enfants et nous-mêmes ? Nous nous dirigeons à toute vitesse vers le Meilleur des mondes.

À travers la planète, il n'y a pas eu de surmortalité cette année. Autrement dit, la mortalité mondiale n'est pas anormalement élevée. Cela ne concorde pas avec le discours officiel d'un « virus tueur ».

Le taux de mortalité de la COVID-19 est comparable à celui de la grippe. Les autorités médicales qui ont déclaré cela, ou qui ont remis en question le récit du « virus tueur », ont été censurées et dénigrées publiquement. Dans mon hôpital, c'est plus calme que jamais. Ce n'est pas comme n'importe quelle pandémie que j'ai déjà vue. Pourquoi mon hôpital n'est-il pas submergé de patients comme tous ces hôpitaux que j'ai pu voir aux bulletins d'information des chaînes câblées ? Il est bon de voir des représentations théâtrales en dehors des quartiers de spectacles de Toronto et des rues de Broadway.

Les confinements et les restrictions ont sans doute été la cause de plus de dommages et de décès que le coronavirus en lui-même. Si de nombreux professionnels de la santé, en particulier dans mon pays, le Canada, soutiennent publiquement le discours officiel, d'autres ont admis qu'ils craignaient des représailles professionnelles s'ils le remettaient en question. Un nombre non négligeable de scientifiques d'autres pays, dont les États-Unis, la Belgique et l'Allemagne, ont exprimé ouvertement leur désaccord et même leur indignation face aux positions prises par leurs gouvernements respectifs et les organisations internationales de santé.

Le Dr Roger Hodkinson, pathologiste canadien de renom et expert en virologie, s'adressant aux officiels de la ville d'Edmonton (Alberta) lors d'une vidéoconférence Zoom, a déclaré : « Il règne une hystérie publique totalement infondée, entretenue par les médias et les politiques. C'est scandaleux.

C'est la plus grande supercherie jamais perpétrée sur un public peu méfiant ». Faisant écho aux propos d'autres scientifiques, il a également déclaré que rien ne pouvait être fait pour stopper la propagation du virus, à part protéger les individus âgés et les plus fragiles. En effet, la « protection ciblée » a été proposée de manière indépendante dans le monde entier comme la meilleure stratégie pour lutter contre la mortalité due au virus. Cependant, la vidéo YouTube de l'appel Zoom a été supprimée pour violation de la politique officielle quelques jours après sa mise en ligne.

J'ai vu des médecins et des scientifiques que je respecte, que j'admire et avec lesquels je suis d'accord, être victimes de censure, de mensonges et même de déformation pour avoir exprimé des opinions qui ne concordent pas avec le discours officiel. Les sites Web dits de « vérification de faits » comme *Snopes* sont particulièrement responsables de nous induire en erreur et de nous mentir de manière flagrante. Et pourtant, des groupes entiers de juristes au Canada, Canada, aux États-Unis et plus particulièrement en Allemagne ont intenté, de manière indépendante, d'importantes actions collectives contre les auteurs présumés de la désinformation et des mesures propagées au sujet de la « pandémie ».

Il y a des zones d'ombre dans les récits officiels sur les virus tueurs et les pandémies de vaccins. La confiance portée au test PCR pour le recensement des cas est pour ainsi dire universelle, bien que le Dr Kari Mullis, lauréat du prix Nobel de chimie et inventeur du test, ait déclaré voici plusieurs années qu'il s'agissait d'un simple dispositif et que son utilisation seule ne permettait pas de diagnostiquer une maladie.

« Il permet de prendre une quantité très minuscule de n'importe quel élément et de la rendre mesurable, puis d'en parler dans les conférences et autres réunions comme si c'était important », explique le père du test PCR. Mais alors, pourquoi les tests de dépistage de la COVID-19 positifs sont-ils comptabilisés comme des cas, sans égard à l'état des symptômes ? Ces facteurs peuvent à eux seuls faire gonfler considérablement le nombre de cas. Les quelques recherches effectuées sur la réadaptation des thérapies connues sont supprimées ou ignorées par les agences sanitaires internationales et les gouvernements.

Citons, par exemple, le Dr Pierre Kory, professeur associé de médecine au St. Luke's Aurora Medical Center. Lorsqu'il s'est exprimé devant une commission du Sénat américain, le docteur Kory a supplié les National Institutes of Health de prendre en compte les données concluantes sur la grande efficacité de l'ivermectine, un « médicament essentiel » de l'OMS, pour prévenir la transmission et la progression de la COVID-19.

Le Dr Kory s'est dit consterné par l'absence quasi totale de recommandations concernant les possibilités de prévention et de traitement précoce en dehors des vaccins, ce qu'il a qualifié de « déraisonnable ». Il a souligné qu'il était l'un des nombreux à penser de la même façon. Et l'hydroxychloroquine, un autre « médicament essentiel » de l'OMS, a été utilisée dans le monde entier comme un traitement efficace malgré le découragement de cette institution et d'autres organisations dites de santé qui ont publié des déclarations contradictoires concernant son efficacité et sa disponibilité.

Vous est-il déjà arrivé de vous demander pourquoi on ne parle pas vraiment des autres coronavirus connus qui infectent les humains, comme le SRAS original ou les influenzas omniprésentes ?

Pourquoi aucun vaccin contre le SRAS n'est-il utilisé ?

Pourquoi encourage-t-on encore les vaccins contre la grippe, alors que des recherches indépendantes ont précisément démontré leur inefficacité ?

Ces coronavirus sont là pour pour de bon, et se manifestent souvent de manière saisonnière. La COVID-19 est une maladie qui mérite d'être traitée de la même manière.

Qu'est-il advenu du concept d'immunité collective en ce qui concerne la COVID-19 ?

Qu'est-il advenu de la construction de systèmes immunitaires plus forts par le biais du mode de vie et de la supplémentation, et de la protection des personnes âgées et des personnes infirmes, comme nous le ferions dans le cas d'autres virus ?

Un microbiologiste et médecin allemand de renommée internationale et distingué, le Dr Sucharit Bhakdi, co-auteur du livre Corona : False Alarm (un best-seller en Allemagne et présentement un best-seller sur Amazon), et auteur de plus de trois cents articles jugés par des pairs dans les domaines de l'immunologie, de la virologie et d'autres domaines connexes, a qualifié « d'absurdité extrême », l'affirmation du Dr Anthony Fauci selon laquelle 75 % des Américains devraient recevoir le vaccin COVID-19 pour obtenir une immunité collective.

« Quelqu'un qui dit cela n'a pas la moindre idée des fondamentaux de l'immunologie », a déclaré le Dr Bhakdi à Fox News. Lorsqu'on lui a demandé si le vaccin était nécessaire, il a déclaré : « Je pense que c'est carrément dangereux. Et je vous préviens — si vous suivez cette voie, vous allez tout droit vers votre perte. »

« Malgré cela, et bien d'autres choses encore, le système politique industriel semble obnubilé par l'idée d'administrer un vaccin à tout le monde. Pourquoi ? Certains d'entre nous ont observé que les vaccins font partie d'un plan beaucoup plus sinistre : une démarche visant à introduire des agents et des technologies dans le corps humain afin de leur apposer une forme d'identification biométrique, de modifier leur physiologie, leur cognition, leur comportement et même leur état de conscience. Ces substances peuvent même suivre et enregistrer les actions des personnes, leur localisation, etc.

Notez que cela va au-delà des effets secondaires délétères et de "l'amorçage pathogène" potentiel qui peuvent se produire, et se sont produits, avec les tentatives de vaccins contre le corona-virus dans le passé. »

Le Dr Christiane Northrup, l'un des nombreux médecins contestataires et elle-même gynécologue-obstétricienne réputée, auteure et défenseure de la santé des femmes, en parle dans une entrevue dont des extraits sont inclus dans ce livre.

L'être humain pourrait être réduit à l'état de produit ou de marchandise, rendu plus docile, susceptible de modifier son comportement, ainsi que de subir des changements physiologiques et génétiques qui pourraient le rendre plus sensible aux infections et maladies futures, surtout si l'on ajoute les effets des radiations des technologies de la 5G émises à travers la planète. En raison de leur nature, les altérations de l'espèce humaine seraient probablement permanentes.

Est-ce que tout cela est possible ? Scientifiquement parlant, tout cela est résolument possible. Et comme l'explique ce livre, la technologie existe, les brevets sont obtenus et les motivations ont été définies. En d'autres termes, la nature même de l'être humain — notre constitution biologique, psychologique et génétique — est en danger. Nos libertés personnelles sont en jeu.

Que pouvons-nous faire ? Le Dr Northrup fait référence à des groupes de personnes, les « freedom pods », qui posent ouvertement des questions et s'opposent au discours officiel. Voici comment nous pouvons agir. Les professionnels de la santé, de par leur serment, ont l'obligation de « ne pas faire de mal ». Mais n'oubliez pas non plus que le mal peut être perpétré par l'inaction, car comme l'a dit John Stuart Mill en 1867, « Les hommes mauvais n'ont besoin de rien de plus pour parvenir à leurs fins que les hommes bons qui observent sans rien faire ». Dans un premier temps, il peut être plus efficace de travailler dans l'ombre.

Mais fermer les yeux sur les incohérences et les contradictions flagrantes entre le discours officiel et la réalité peut conduire à notre perte. Sachez ce qu'est la réalité. Je suis médecin et scientifique de formation et je vous demande de garder une attitude objective et ouverte et d'exercer un jugement critique sur la direction dans laquelle nous sommes entraînés. Nous devons adopter une position pour nous protéger les uns les autres, et donc l'espèce, contre toute menace qui cherche à subvertir et à limiter nos libertés à des fins néfastes de manipulation, de contrôle et de gestion de la population.

Ne vous méprenez pas, nous nous battons peut-être pour rien, de moins que pour notre libre arbitre humain. Le temps est venu d'exercer cette liberté, individuellement et collectivement, afin de ne pas la perdre. Nous devons nous dresser pour remettre en question, et finalement nous joindre à d'autres et prendre des mesures contre les développements sournois qui imprègnent actuellement nos vies, les manifestations d'un programme biométrique totalitaire maléfique.

Je vous souhaite que Dieu vous garde, mes frères et sœurs humains.

—John Chang, M.D., Ph.D.

Résumé

ES DIRIGEANTS COMME LE PREMIER ministre du Québec François Legault, le Premier ministre Justin Trudeau et le Président français Emmanuel Macron sont persuadés que tout ce qu'ils disent et font — indépendamment des principes des droits de l'homme — est au service du «plus grand bien» d'une «nation»; ce sont les prétentions d'un fasciste. Les nations que ces dirigeants servent ne sont pas des personnes, mais en réalité des mondes de démons.

Lorsque François Legault fait fi de la *Charte canadienne des droits et libertés* et des principes d'accessibilité de la Loi canadienne sur la santé en entravant les Québécois qui ont choisi de s'abstenir de recevoir l'injection de thérapie génique que lui et ses confédérés aiment appeler un «vaccin», il confirme sa loyauté envers les démons que son régime sert. Ce livre nous donne un regard lucide sur le monde que François Legault cherche à créer pour le Québec avec l'appui du Premier ministre Justin Trudeau, son substitut politique à Ottawa, les deux œuvrant à la mise en place d'un «plan directeur» canadien plus vaste.

Lorsque j'ai vu François Legault accéder au pouvoir en tant que chef de la Coalition Avenir Québec (CAQ), il était clair qu'il

n'était qu'un autre imposteur prétendant se porter à la défense
d'une nation, tout comme l'ancien premier ministre du Québec
Maurice Duplessis et son Union Nationale dans les années 1950.
Comme Legault, Duplessis était un autocrate qui exigeait continuellement qu'Ottawa respecte l'autonomie de la Nation québé-
coise, tout en vendant les droits de la classe ouvrière francophone
du Québec aux multinationales américaines.

Grâce à Duplessis, dans les années 60, les francophones du
Québec sont effectivement devenus des citoyens de troisième
classe vivant sous la coupe d'intérêts étrangers. De même,
M. Legault a vendu la nation même qu'il prétend défendre à des
intérêts étrangers maléfiques en s'efforçant de forcer chaque
homme, femme, enfant — et même les bébés s'il le pouvait — à
recevoir une injection. Ces intérêts comprennent les géants de
la biotechnologie, les sociétés pharmaceutiques et le complexe
industriel politico-industriel militaire mondialiste qui souhaitent
que le Québec et le reste du Canada soient transformés en un
état policier orwellien. Ils espèrent y parvenir grâce aux systèmes
de suivi biométrique associés à la mise en place des « passeports
vaccinaux ».

Avec Legault, l'histoire du Québec se répète. Cette fois, toutefois, les dommages seront permanents. Pire encore, la plupart des Québécois sont complètement ignorants de ce qui leur
arrive réellement, grâce aux efforts de l'establishment médiatique
québécois pour abrutir la population. Ce livre essaye d'aider à
réveiller les moutons du monde francophone.

La « mystique » et la popularité apparente de Legault sont le
résultat d'une mascarade de relations publiques dans les médias
grand public du Québec, mise en place par les contrôleurs des
médias, des médias appartenant au même mal que Legault a été
encouragé à servir. Soyez certain que Legault aimerait amener

le Québec dans la direction de Macron, qui est allé plus loin en interdisant aux citoyens français de faire leur épicerie s'ils refusent de participer à une expérience de thérapie génique.

Legault, Trudeau et Macron sont de parfaits psychopathes. Ils utilisent le charme, l'intelligence, l'esprit et la sophistication apparente sans aucune sincérité et à des fins entièrement intéressées, sans tenir compte des coûts humains de leur consolidation du pouvoir. La soi-disant pandémie a fait ressortir leur véritable nature. Le psychopathe est un génie en matière de tromperie pour échapper aux conséquences du scandale. Il est capable de convaincre les autres que tout ce qu'il fait, aussi inadmissible soit-il, est en fait tout à fait raisonnable, voire vertueux. Ce livre présente ce qu'un prétendu antidote «vaccinal» signifie pour les francophones et l'humanité dans une prétendue pandémie orchestrée par des psychopathes.

Bien que Legault veuille nous faire croire que Trudeau et lui sont des rivaux politiques, leur intérêt commun à nous soumettre tous à la mise en œuvre de systèmes de documentation fascistes montre clairement que ces deux hommes sont tous deux taillés dans la même étoffe maléfique que leurs passeports dits «vaccinaux».

Prologue

L A COVID-19 N'EST PAS UN virus, mais un ensemble de symptômes. Ces symptômes sont le produit d'une intrusion bio- logique conçue pour produire certaines réactions dans le corps qui paraissent être un virus, mais en réalité il n'en est rien. Les preuves du rôle de la manipulation génétique dans la manifestation d'une « pandémie » ont été bien documentées dans la publication COVID-*19* : *The Genetically Engineered Coronavirus Pandemic.* Justin Trudeau et ses acolytes ont joué un rôle majeur dans la dissimulation d'informations capitales aux Canadiens concernant leurs décisions en matière de soins de santé dans le cadre de la « pandémie ». En parallèle, il y a eu un effort pour utiliser l'autorité réglementaire du gouvernement pour cajoler et contraindre les Canadiens à se faire vacciner contre la COVID-19.

Les architectes de la COVID-19 ont cherché à simuler un virus qui pourrait être utilisé pour créer une panique souhaitable afin de convaincre les masses d'adopter leur dispositif de thérapie génique surnommé à tort un « vaccin ». Le Dr David Martin, lauréat du prix Nobel, et le Dr Luc Montagnier, entre autres scientifiques et médecins éminents, ont étayé ces découvertes, mais leurs recherches ont été censurées par les individus qui cherchent à réduire l'humanité à des êtres mécaniques dotés d'une intelligence artificielle.

Appeler le vaccin COVID-19 un «vaccin» est tout aussi légitime que d'appeler un bout de plastique ressemblant à une pomme, un véritable fruit. Votre cerveau pourrait vous inciter à manger une pomme en plastique, mais votre corps ne réagira probablement pas de la même manière.

Un vaccin est, et a toujours été, un produit parfaitement naturel qui permet à votre corps de réagir de manière naturelle pour dynamiser l'immunisation.

Les fabricants de ce nouveau dispositif de thérapie génique ont produit une belle histoire selon laquelle leur «vaccin» vous protégera du «coronavirus». Le problème de cette histoire est que le «coronavirus», tel qu'ils nous l'ont présenté, n'existe pas en réalité. Le gouvernement Trudeau le sait et prend part à cette comédie des grandes entreprises.

Les coronavirus existent naturellement dans le corps humain dans le cadre de notre évolution biologique, de la même manière que les bactéries, et dont nous sommes plus communément conscients. La première chose que les grandes firmes ont cherché à faire avec leurs partenaires, y compris le gouvernement Trudeau, est de faire croire à la population que le coronavirus est une nouvelle menace étrangère pour le corps humain.

La seconde chose qu'ils ont cherché à faire est de créer un mythe selon lequel ils ont isolé un virus appelé «COVID-19» dans un laboratoire pour pouvoir ensuite produire un «vaccin», alors que ce n'est pas le cas. La troisième chose qu'ils ont cherché à faire est de s'entendre entre eux pour masquer toute donnée visible, statistique ou autre qui indiquerait leur rôle dans une opération psychologique de masse bien orchestrée. Le problème est que la censure n'a jamais été utilisée dans l'histoire pour enrayer la désinformation ; au contraire, elle a toujours été utilisée pour dissimuler la vérité, et il est évident que cette soi-disant pandémie ne fait pas exception à la règle.

L'histoire propagée par le gouvernement Trudeau et ses partenaires est celle d'un vaccin qui a été créé pour enrayer le « coronavirus », ou même la « COVID-19 ». Mais cette allégation n'est pas plus légitime que l'idée qu'un vaccin a été créé contre les bactéries.

La participation du gouvernement Trudeau au sophisme du soi-disant vaccin est littéralement une page du Mein Kamp d'Adolf Hitler, qui documente la technique du « Big Lie ». L'idée du Gros Mensonge était d'appuyer votre objectif avec un mensonge si gros que personne ne voudrait croire qu'il ne pourrait être autre chose que la vérité. En effet, grâce à l'opération Paperclip, qui a accueilli des scientifiques et d'autres membres du personnel nazis à des postes importants dans les coulisses aux États-Unis et dans d'autres pays occidentaux comme le Canada, la pratique de la manipulation psychologique de masse nazie et d'autres expériences sur les populations humaines sont bien réelles de nos jours. Elles se manifestent présentement dans la soi-disant pandémie.

Nous savons maintenant, grâce aux efforts de Patrick King en Alberta, tels qu'ils ont été présentés dans le Stew Peters Show, que le gouvernement Trudeau est conscient qu'il participe à une tromperie cryptonazie d'opérations psychologiques de masse. Dans le cadre d'un litige civil, M. King a intenté une action en justice contre les autorités de santé publique du gouvernement de l'Alberta, exigeant que celles-ci présentent des preuves que le virus « SRAS-COVID-19 » a été isolé dans un laboratoire pour prouver son existence réelle.

Le juge a permis à M. King de citer à comparaître Deena Hinshaw, médecin en chef de l'Alberta, pour qu'elle présente la preuve de l'isolement en laboratoire du « SARS-COVID » et son existence en tant que réel virus. En réponse, la médecin en chef a reconnu devant le tribunal qu'elle n'avait aucune preuve matérielle de l'existence du virus. (Annexe A-1) En réponse, le représentant du procureur général du gouvernement Trudeau a cherché à reprendre l'affaire et n'a pas non plus été en mesure de produire une quelconque preuve de l'existence du virus. En réaction, le bureau de Deena Hinshaw a déclaré que « la science n'a pas d'importance ».

M. King se qualifie comme étant « le Canadien le plus censuré ». Selon certaines sources, M. King a été non seulement banni des réseaux sociaux comme *Facebook*, mais également de Google.

La « COVID-19 » n'est donc pas un virus autonome, mais plutôt une série de symptômes, le sous-produit d'une réaction négative à un coronavirus fabriquée en laboratoire. Les recherches du Dr Lee Merritt suggèrent qu'une forme d'arme biologique a été répandue dans l'atmosphère terrestre pour induire artificiellement les symptômes du COVID-19 parmi les populations vulnérables. Imaginez cette réaction comme si quelqu'un vous faisait avaler subrepticement un plat de chili avarié qui aurait traîné pendant des jours sur une table à température ambiante. Le résultat le plus probable serait une intoxication alimentaire due à toutes les bactéries nocives présentes dans votre intestin. Sans savoir ce qui se passe réellement, vous pourriez facilement être convaincu d'avoir un virus alors que vous êtes en réalité victime d'une intoxication alimentaire ou d'une autre réaction biologique négative. Il semble que c'est le genre d'escroquerie que les gouvernements, les grandes entreprises et leurs partenaires essaient de faire avaler à tout le monde.

La « pandémie » a été une attaque biogénétique contre les populations les plus vulnérables du monde, visant à provoquer une attaque en cascade conçue pour imiter l'apparence d'un virus. L'objectif est de faire croire au reste de la population qu'il s'agit d'un virus afin de la cajoler et de la contraindre à accepter son dispositif de thérapie génique comme étant l'unique solution.

Cette attaque biogénétique est le résultat de recherches approfondies menées dans le cadre de brevets sur la manière d'utiliser les systèmes naturels de coronavirus dans l'organisme pour produire les symptômes que l'OMS a cherché à qualifier de « virus COVID-19 ».

Si le gouvernement Trudeau et ses autres partenaires étaient vraiment préoccupés par votre santé, ils ne se soucieraient pas que vous preniez des vitamines C et D, de l'ivermectine, ou une foule d'autres remèdes que les gens ont déjà pris pour se remettre de l'attaque biogénétique de la Cabale sans avoir à prendre leur soi-disant vaccin.

Le gouvernement Trudeau serait simplement satisfait que vous alliez mieux, sans se soucier des moyens que vous avez choisis pour aller mieux. Mais ce n'est pas le cas. Trudeau et la Cabale ne veulent pas que vous puissiez examiner librement des données médicales ou scientifiques autres que celles approuvées par des « experts » qui ont été cautionnés par le même partenariat qui a mis au point leur dispositif de thérapie génique très lucratif.

Les médecins qui ont fait des études de médecine peuvent voir comment les grandes entreprises dirigées par l'Organisation mondiale de la santé (OMS) essaient de duper les gens avec la complicité de gouvernements comme le gouvernement Trudeau. Ces mêmes médecins sont constamment censurés et menacés de licenciement s'ils ne soutiennent pas le programme de la Cabale. Il est également intéressant de souligner que le développeur de logiciels Bill Gates est le plus grand donateur de l'OMS, en dehors des États-Unis, il n'est donc pas étonnant que l'OMS ait été cooptée pour chercher à servir les ambitions de Bill Gates pour l'humanité en ce qui concerne la thérapie génique pour permettre l'assimilation du matériel génétique humain par l'intelligence artificielle.

De nombreux médecins ont choisi de s'exprimer, notamment le Dr Charles Hoffe au Canada et le Dr Peter McCullough, qui ont découvert des informations concrètes sur la science folle qui sous-tend l'expérience de thérapie génique de l'IA menée par la cabale contre l'humanité. Ces lanceurs d'alerte ont été vicieusement qualifiés de diffuseurs de fausses informations. Ces médecins s'opposent aux efforts des grandes entreprises qui veulent littéralement vendre l'humanité à leur dystopie de génétique humaine altérée. Les témoignages des médecins canadiens et d'autres chercheurs ont été cités sur *YouTube*, dans COVID-19 & The Cabal.

Dès lors que vous avez une formation médicale de base, nul besoin d'être un génie pour comprendre que le soi-disant vaccin est en réalité une thérapie génique.

Une fois que l'on a lu les composants publiés sur le site Web de Santé Canada concernant le « vaccin », qui semble avoir intentionnellement omis de préciser ce que sont ces formulations, il est évident que ces ingrédients sont les composants d'un dispositif de thérapie génique et ne répondent pas à la définition d'un véritable vaccin.

Toute personne qui utilise le dispositif de thérapie génique COVID donne en fait en fait un accès à son corps et à sa génétique à un dispositif d'IA et ses programmeurs par le biais d'un logiciel d'ARNm-nanotechnologie. Ce dispositif de thérapie génique provoque diverses lésions, voire la mort. C'est le prix payé par les individus qui ont accepté que leur corps fasse partie d'une expérience. Cette expérience vise à tester l'interface entre la génétique artificielle et la complexité des différents corps humains et la génétique naturelle.

Les efforts du gouvernement Trudeau pour utiliser les pouvoirs fédéraux afin de contraindre les Canadiens à se procurer le mécanisme de thérapie génique COVID-19, que la cabale appelle un vaccin, constituent donc une violation flagrante de la *Charte canadienne des droits et libertés* (Loi constitutionnelle de 1982) et ce, pour de nombreuses raisons. Il s'agit notamment de l'Article 7, qui stipule expressément que « Chacun a droit à la vie, à la liberté et à la sécurité de sa personne ; il ne peut être porté atteinte à ce droit qu'en conformité avec les principes de justice fondamentale ».

Le gouvernement Trudeau viole également l'Article 2 (a) qui protège la « liberté de conscience ». Ce gouvernement a aussi cherché à exploiter la répression de la liberté d'expression menée par les grandes entreprises technologiques de réseaux sociaux opérant au Canada. Le gouvernement Trudeau aurait dû fustiger ces violations de la liberté de la presse et des autres moyens de communication garantis par l'article 2 (b) de la Charte. Au lieu de cela, ce même gouvernement a conspiré pour subvertir la liberté d'expression pendant la « pandémie ».

Le gouvernement Trudeau, les grandes sociétés technologiques et les fabricants d'injections de thérapie génique COVID-19, alias « vaccins », ne veulent apparemment pas que vous entendiez ou voyiez la moindre preuve que le « vaccin » contre la COVID-19 est autre chose que la meilleure chose depuis le pain tranché. Le livre intitulé *YouTube, COVID-19 & The Cabal* explique comment les médecins qui osent citer des preuves de dommages causés par le vaccin COVID-19 au Canada sont soumis à des sanctions, voire à des congédiements pour avoir encouragé le nouveau «crime d'incertitude face à la vaccination».

Ceci étant dit, si nous consultons le site Web de Santé Canada, nous pouvons voir comment le gouvernement Trudeau cache la vérité au grand jour en listant les noms fantaisistes des différents composants des vaccins sans aucune explication sur leur nature et sans aucun effort pour informer les Canadiens sur les risques documentés pour la santé. Si le gouvernement Trudeau cherchait à agir de manière responsable, il le ferait.

Chaque génération est témoin de crimes horribles contre l'humanité, et cette génération ne déroge pas à la règle. Au Canada, les crimes contre l'humanité commis contre les Premières Nations dans le cadre des pensionnats montrent que les gouvernements au Canada sont également capables d'exécuter des crimes contre l'humanité. La façon dont le gouvernement Trudeau a cherché à aggraver les crimes contre les Premières Nations en participant à la dissimulation des viols et des meurtres de femmes autochtones et en poursuivant d'autres atrocités contre les Premières Nations, les minorités visibles et les personnes privées de leurs droits qui ont été laissées à la recherche de nourriture dans les poubelles de villes comme Toronto, ou qui meurent dans la misère de la drogue dans des endroits comme l'East Side de Vancouver, témoigne des esprits malveillants à l'œuvre dans le gouvernement Trudeau.

Le gouvernement Trudeau ignore hypocritement la souffrance humaine au Canada parallèlement à ses efforts pour soutenir financièrement les riches et les puissants. Le fait que le gouvernement Trudeau ait cherché à soutenir les grands intérêts pharmaceutiques et biotechnologiques aux dépens des vies canadiennes ne devrait pas surprendre.

Cela dit, notre capacité à épargner aux générations futures de tels crimes contre l'humanité repose sur notre capacité à nous rendre compte de l'évidence qui se présente à nous.

Le même groupe de cabale qui était responsable des écoles autochtones est en substance la même clique qui soutient aujourd'hui les « vaccins » contre la COVID-19. La seule différence est que, au lieu de cibler sélectivement les Premières Nations, les cibles sont l'ensemble de la population.

L'utilisation de prétendus vaccins comme armes de destruction massive ne devrait pas être un concept étrange pour les personnes qui connaissent l'histoire de leur utilisation pour « traiter » la grippe espagnole en 1918. Au Canada, les Premières Nations savent aussi comment leurs femmes continuent d'être soumises à la stérilisation forcée sous les auspices de soi-disant experts, sur lesquels le gouvernement Trudeau veut maintenant que nous nous appuyions comme seule source d'information valable pour la COVID-19.

Il faut savoir que le « vaccin » contre la COVID-19 a pour conséquence une interruption des menstruations des femmes, et qu'il peut même se « répandre » sur les femmes qui n'ont pas reçu le vaccin, interrompant également leurs menstruations. Le Dr Lee Merritt confirme ces observations. Plus particulièrement, les conclusions des Drs Wolfgang Wodarg et Michael Yeadon publiées dans *Undercurrents* indiquent que le vaccin contre la COVID-19 pourrait entraîner la stérilisation de 70 % de la population humaine.

La négligence du gouvernement Trudeau et de ses collaborateurs présente tous les éléments nécessaires à la violation du droit pénal canadien concernant le « vaccin » COVID-19.

Le premier principe de la criminalité est *l'Actus Reus*, c'est-à-dire l'acte illégal ou coupable. Le gouvernement Trudeau a approuvé l'utilisation d'un produit qui a causé inutilement des lésions et des morts, qui auraient pu être évités s'il n'avait pas approuvé l'utilisation d'un soi-disant vaccin pour une utilisation expérimentale.

En obligeant les Canadiens à recevoir un vaccin expérimental, le gouvernement Trudeau a recours à la force illégale pour les enrôler dans une expérience pharmaceutique d'entreprise qui pourrait entraîner des lésions permanentes et même des décès. Le supposé vaccin contre la COVID-19 a agi de manière vérifiable comme un poison ou un agent toxique, et le gouvernement Trudeau porte donc une responsabilité criminelle dans ses efforts pour imposer aux Canadiens la vaccination.

En vertu de l'Article 245 (1) du *Code criminel canadien*, « Quiconque administre ou fait administrer à une personne, ou fait en sorte qu'une personne prenne, un poison ou une autre substance destructive ou délétère, est coupable ».

Le second élément permettant d'établir si un crime a été commis est le *Mens Rea* : « un esprit coupable », ou l'élément mental. Il s'agit de l'expression latine pour « L'acte ne rendra pas une personne coupable si l'esprit ne l'est pas également ». Le Mens Rea axiomatique dont le gouvernement Trudeau est responsable est l'aveuglement volontaire, le fait d'avoir ignoré certains faits et informations. Le gouvernement Trudeau ignore le fait que la COVID-19 n'est pas un virus réel qu'un vaccin peut traiter. Ce fait est ignoré pour le motif de permettre aux grandes industries pharmaceutiques et biotechnologiques transnationales basées au Canada de travailler avec d'autres partenariats publics et privés pour exploiter des milliards de dollars de profit commercial au détriment de la vie des Canadiens.

Par ailleurs, le gouvernement Trudeau s'est appuyé sur des données fournies par les industriels pharmaceutiques qui ont tout à gagner à ce que leur «vaccin» soit approuvé. Dans le même temps, Trudeau a ignoré les données indépendantes des médecins et scientifiques canadiens qui ont tenté de mettre en pause ou d'arrêter complètement la mise en œuvre d'un prétendu vaccin.

Le troisième élément d'un crime peut consister en des efforts de collusion ou d'exploitation d'un schéma de dissimulation de la perpétration d'un crime. Dans le cas du «vaccin» COVID-19, il existe des preuves plus que suffisantes d'un effort collectif pour étiqueter, censurer et dissimuler comme de la désinformation toute preuve que le «vaccin» n'est pas ce que le gouvernement Trudeau prétend qu'il est.

Lorsque les autorités judiciaires tentent de résoudre un crime, un des moyens utiles est d'essayer de se mettre dans la tête des auteurs présumés du crime. *Si vous étiez un petit génie des logiciels ayant des intérêts financiers dans des sociétés pharmaceutiques, que vous vouliez vous assurer de futurs profits commerciaux et que vous pensiez à un plan pour lancer des dispositifs dans le corps humain, quel serait votre objectif?* Le fait d'aider les gens à renforcer leur immunité et à réduire leur dépendance à l'égard des produits pharmaceutiques servirait-il vos ambitions commerciales? *Pas vraiment.* A contrario, introduire des dispositifs dans le corps humain pour affaiblir l'immunité et augmenter la dépendance à l'égard de vos formulations biotechnologiques vous permettrait certainement de réaliser des bénéfices commerciaux. Et il semble que c'est ce qui se passe avec le vaccin COVID.

Si vous pensez que la planète est trop peuplée, vous pourriez considérer que le fait de qualifier votre produit de «vaccin» est une solution «humaine» qui éradique les gens et libère des ressources pour ceux qui survivent. Il est évident que c'est ce genre d'esprit qui est à l'œuvre dans l'effort visant à contraindre les gens à prendre le prétendu vaccin, comme le corroborent les docteurs David Martin et Lee Merritt, le prix Nobel Luc Montagnier — qui a découvert le VIH — et de nombreux autres médecins dont les découvertes ont été soumises à la censure de la Cabale et passées sous silence par le gouvernement Trudeau.

Le 1er juin 2021, Gibraltar avait atteint un taux de «vaccination» contre la COVID-19 de plus de 99 %. Depuis cette date, la COVID-19 est montée en flèche si bien qu'en août 2021, les États-Unis ont placé le pays sur la liste des pays à éviter lors de déplacements.

L'Islande, dont plus de 70 % de la population est entièrement vaccinée, a également connu une forte augmentation des symptômes du COVID-19.

Les Seychelles ont aussi un taux de vaccination élevé avec le «vaccin» Astra-Zeneca approuvé au Canada. Ce pays a lui aussi enregistré des poussées de COVID-19 dues à des «variants» qui sont en fait créés par les organismes des «vaccinés», et non par des individus non vaccinés. En effet, il est évident que l'objectif de la vaccination imposée est de subvertir la capacité des défenses biologiques naturelles de l'organisme à être renforcées par des vitamines; cette déficience est le résultat de l'introduction du dispositif ARNm et de sa manipulation génétique artificielle.

Chaque fois qu'une personne reçoit une piqûre de «rappel», elle reçoit davantage de génétique artificielle injectée dans son corps. Il s'agit d'un effort clair de la Cabale visant à transformer l'humanité en une espèce de robots dotés d'une conscience sensorielle humaine qu'ils peuvent contrôler. C'est le genre de programme que le Dr Miklos Lukacs de Pereny présente dans l'article intitulé «Transhumanisme : Un expert expose le programme de "Great Reset" des élitistes libéraux milliardaires».

Ce programme de « transhumanisme » a été lié à un programme extraterrestre régressif bien documenté qui a été élaboré par le Dr Michael Salla et par des auteurs comme Niger Kerner, auteur du livre *Songs of the Greys*.

Le projet du gouvernement Trudeau de créer un passeport vaccinal fédéral n'est pas plus vertueux que les motivations d'un dealer d'opium dans les rues de Vancouver. Le gouvernement Trudeau se fiche éperdument du nombre de Canadiens victimes de lésions, de maladies ou de décès à la suite d'une vaccination forcée. *Des caillots se sont formés parce que vous avez dû prendre une injection pour monter à bord d'un train en direction de Vancouver ?* Et alors ?, du point de vue du gouvernement Trudeau.

Vous souffrez de la paralysie de Bell parce que vous êtes une mère célibataire de trois enfants travaillant au gouvernement fédéral et que vous avez été contrainte de recevoir le vaccin ? Trudeau n'en a rien à faire. Votre conjoint, qui était la seule source de revenu de votre ménage, est mort à cause du vaccin, vous laissant avec une police d'assurance-vie qui ne verse pas de fonds pour les décès dus aux vaccins, ce qui vous laisse maintenant à deux doigts de devenir sans-abri ? Trudeau n'en a également rien à faire. Comme tout bon trafiquant d'opium, la seule préoccupation de Trudeau est le profit commercial et le pouvoir que son gouvernement tire des recettes d'un « médicament ». Des médecins canadiens chevronnés et acclamés par la critique témoignent des dommages irrévocables causés par l'expérience de l'IA pharmaceutique sur les corps canadiens. Mais cela ne semble pas préoccuper outre mesure le gouvernement Trudeau et ses partenaires qui tournent le dos au droit constitutionnel et criminel.

Dans le cadre de la realpolitik du gouvernement Trudeau, pourquoi se préoccuper de la façon dont les « vaccins » forcés affecteront les Canadiens ordinaires lorsque vous avez de gros donateurs liés à des sociétés pharmaceutiques et biotechnologiques qui soutiennent toutes le programme de «vaccins» de la COVID?

Personne ne peut accuser l'actuel premier ministre Justin Trudeau d'avoir imité son père dans sa défense des droits et libertés. La passion de l'ancien premier ministre Trudeau pour les droits et libertés l'a poussé à rapatrier la constitution canadienne du Royaume-Uni et à créer une Charte canadienne des droits et libertés en 1982. Alors que Pierre Elliot Trudeau appréciait l'affirmation de tels droits dans une société démocratique, Justin Trudeau semble uniquement préoccupé par le fait de faire ce qu'il faut pour faire avancer son pouvoir politique sans se soucier des principes, de l'éthique, de la vérité, de l'intégrité ou de la règle de droit.

Justin Trudeau semble souffler dans la direction de ses plus gros donateurs, sans tenir compte des véritables intérêts des Canadiens.

Que ses amis des médias grand public et des grandes entreprises technologiques s'entendent pour tromper les Canadiens et les inciter à prendre un vaccin qui n'est peut-être pas dans l'intérêt de leur santé ne semble pas être une préoccupation pour Trudeau. Ce qui importe à Trudeau, c'est que son rôle de Premier ministre du Canada soit préservé, même si la poursuite de ce pouvoir entraîne un préjudice irrévocable pour les Canadiens.

Sous l'ère COVID-19 de la politique canadienne, Justin Trudeau nous montre une classe dirigeante où le leadership est en décadence morale et opère aux ordres d'ombres démoniaques disposant d'un pouvoir financier et d'un programme politique diamétralement opposé aux désirs de la société civile canadienne.

Il est donc évident que le gouvernement de Justin Trudeau et les politiciens de la Colline du Parlement qui soutiennent les passeports vaccinaux ne se soucient pas particulièrement de protéger les Canadiens contre la COVID-19, car ils savent que c'est une escroquerie. Ils souhaitent plutôt utiliser les passeports vaccinaux pour accélérer un système de surveillance de masse qui permettra de suivre les faits et gestes de tous les Canadiens grâce à des « codes QR » liés à leurs téléphones intelligents.

Craig Kelly, membre de la Chambre des représentants australienne, nous montre la direction dans laquelle Justin Trudeau et ses confédérés de tous les partis politiques des gouvernements fédéral et provincial cherchent à nous entraîner. En Australie, grâce à la mise en œuvre de son système de passeport à code QR, un véritable état policier s'est développé à Melbourne, qui n'autorise la population à faire de l'exercice à l'extérieur de son domicile que pendant une heure au maximum, avec des déplacements dans un rayon de 5 km dans le cadre d'un état perpétuel de couvre-feu.

La plupart des gens semblent penser, par exemple, que Jeff Bezos, entrepreneur multimilliardaire d'Amazon.com, s'est enrichi grâce à la vente de livres. Mais ce n'est pas vrai. C'est la vente de données qui a catapulté Jeff Bezos et qui est le moteur des « passeports vaccinaux ». Les « passeports » liés aux téléphones intelligents de tout un chacun offriront aux gouvernements et aux grandes entreprises une nouvelle frontière d'opportunités commerciales pour utiliser les données afin d'exploiter et de contrôler les gens.

L'ARNm contenu dans ce dispositif biotechnologique contre nature est comparable à un logiciel injecté dans votre corps. Ces ingénieurs prétendent que leur « logiciel » a été configuré pour déclencher une réponse immunitaire dans votre corps.

Or, aucune donnée clinique indépendante sur une période de plusieurs années ne vient étayer une telle affirmation, si ce n'est les données qu'ils veulent vous montrer et qui sont elles-mêmes le produit de la censure et de la rédaction. En revanche, il existe des données irréfutables qui montrent que le composant ARNm fait en réalité partie d'un ragoût toxique qui affaiblit le corps et le place sous le contrôle de l'intelligence artificielle. Ces données qui sont immédiatement accessibles sont activement réprimées par les gouvernements et les réseaux sociaux des grandes entreprises technologiques dans le but de forcer les populations à se « vacciner ».

Ce que Trudeau présente aux Canadiens comme un « vaccin » est en fait un dispositif de thérapie génique toxique, et il semble déterminé à soutenir l'implantation de ces dispositifs chez le plus grand nombre de Canadiens que lui et d'autres associés de la Cabale peuvent contraindre.

Outre le dispositif ARNm présent dans les vaccins Pfizer et Moderna approuvés par Santé Canada, prenons l'exemple de « l'ALC-0159 = 2 — [(polyéthylène glycol)-2000] — N,N-ditetra — decylacetamide » figurant comme ingrédient Pfizer sur le site Web de Santé Canada. La plupart des Canadiens et d'autres personnes liraient cette longue appellation sans y prêter attention. Mais la United States National Library of Medicine décrit ce composé comme « la technologie des nanoparticules lipidiques pour la régulation thérapeutique des gènes ». Ainsi, sur le site Web de Santé Canada, il est démontré noir sur blanc que les Canadiens se font injecter une thérapie génique parrainée par une entreprise biotechnologique et non un vaccin. Plus précisément, la National Library des États-Unis qualifie cette technologie « d'éditeur de gènes » et dit qu'elle permet la « régulation des gènes » et peut-être même leur « extinction » (annexe A-2).

Santé Canada reconnaît que le vaccin d'Astra-Zeneca contient du ChAdOx1-S [recombiné].

Les recherches effectuées sur ce composé dans des revues scientifiques et des publications scientifiques bien établies révèlent qu'il s'agit d'un ingrédient permettant la thérapie génique qui est utilisé pour créer un « organisme génétiquement modifié ». Toute personne qui absorbe ce produit présenté comme un « vaccin » sera également soumise au clonage moléculaire. Ces faits scientifiques ne sont pas reconnus d'emblée par le gouvernement Trudeau sur le site de Santé Canada. Le site indique simplement que l'utilisation du produit a été approuvée au Canada le 26 février 2021.

Le polysorbate 80 est un autre ingrédient particulièrement nocif présent dans les « vaccins » approuvés par Santé Canada, Astra-Zeneca et Janssen (Johnson & Johnson), qui ont été associés à la stérilité, à des propriétés cancérigènes et à d'autres effets secondaires graves. Le pédiatre Lawrence Palevsky, M.D., avertit que le polysorbate 80 peut permettre la rupture de la barrière hématoencéphalique, ce qui entraînerait la pénétration de toxines du système circulatoire humain dans le cerveau. La barrière hématoencéphalique est particulièrement faible chez les enfants. C'est particulièrement troublant lorsque l'on sait que Justin Trudeau a décidé de soumettre à la vaccination des enfants présentant un risque extrêmement faible de contracter les symptômes du COVID-19. Vacciner les enfants avec du polysorbate 80 et de la biotechnologie artificielle promet de créer des dommages permanents chez les enfants, et chez les adultes d'ailleurs, que la COVID-19 ne provoquera pas.

Il est évident que le gouvernement Trudeau et ses partenaires auraient pu sauver des vies pendant la « pandémie » si l'objectif n'était pas de soutenir un programme démoniaque des géants pharmaceutiques visant à réquisitionner des sujets canadiens pour des expériences de thérapie génique inspirées par l'intelligence artificielle.

Le chlorure de magnésium hexahydraté figure aussi parmi les ingrédients contenus dans le « vaccin » d'Astra-Zeneca, et il a également été associé à d'autres effets secondaires complètement occultés par le site Web de Santé Canada parce qu'ils ne veulent pas sensibiliser les Canadiens d'une manière qui encouragerait « l'hésitation à se faire vacciner ».

En d'autres termes, ils veulent promouvoir les intérêts de Big Pharma et de ses partenaires. Les effets secondaires comprennent la dépression, la fatigue chronique, les crampes musculaires et une diarrhée sévère et continue. Nps.org.au, qui est financé par le gouvernement australien, reconnaît d'autres effets secondaires ignorés par Santé Canada. Il s'agit notamment de bouffées vasomotrices, de nausées, de vomissements, de faiblesse musculaire, de vision trouble ou double, de perte de réflexes, de difficultés respiratoires, de battements cardiaques irréguliers et d'une variété d'autres mises en garde pour les personnes souffrant de certaines conditions médicales.

Santé Canada et Santé publique Ontario qualifient « d'inoffensif » le « vaccin vecteur adénovirus », un ingrédient actif des « vaccins » Astra-Zeneca et Janssen (Johnson & Johnson). Mais la très respectée Mayo Clinic américaine nous met en garde autrement. Les effets secondaires répertoriés sont les suivants : difficulté à se mouvoir, fièvre, maux de tête, douleurs ou gonflements articulaires, douleurs musculaires, crampes, douleurs ou raideurs, nausées et fatigue ou faiblesse inhabituelle. Parmi les autres effets secondaires possibles, mentionnons l'anxiété, des selles noires et goudronneuses, le saignement des gencives, le sang dans l'urine ou les selles, la vision trouble, les douleurs thoraciques, la confusion, le tintement ou le bourdonnement continu ou tout autre bruit inexpliqué dans les oreilles, la toux, les étourdissements ou la sensation de tête légère, l'évanouissement, les battements de cœur rapides, la perte d'audition ; urticaire ou zébrures, démangeaisons, éruptions cutanées ; incapacité de bouger les bras et les jambes ; engourdissements, faiblesse ou tintement des bras ou des jambes ; douleurs, rougeurs ou enflures du bras ou de la jambe ; taches rouges ponctuelles sur la peau ; rougeurs de la peau ; convulsions ; douleurs à l'estomac ; difficultés à respirer ; saignement ou ecchymose inhabituels ; et vomissements de sang. (Annexe A-3.) Il n'est donc pas étonnant qu'un si grand nombre de personnes sur *Facebook* et d'autres réseaux sociaux aient signalé des lésions et même des décès juste après avoir reçu le vaccin.

WebMd.com établit un lien entre le citrate trisodique déshydraté, un autre ingrédient figurant sur la liste du « vaccin » Janssen, et les nausées, les vomissements, la diarrhée et les douleurs d'estomac. Globalement, un rapport de la Medical University de Caroline du Sud reconnaît que les effets secondaires courants du mélange d'ingrédients du « vaccin » Janssen comprennent la fatigue, les maux de tête, les douleurs musculaires, les frissons, les douleurs articulaires, la fièvre, les nausées, la « sensation de malaise », le gonflement des ganglions lymphatiques, ainsi qu'une éventuelle accélération du rythme cardiaque et une « éruption cutanée sur tout le corps ».

Le polyéthylène glycol (PEG) 2000 DMG est un ingrédient auxiliaire notable présent dans le vaccin Moderna. Sur le site WebMD.com, on peut lire certains effets secondaires, notamment une irritation du rectum, des troubles du sommeil, une soif excessive, des nausées, des vomissements, des crampes d'estomac, des ballonnements abdominaux, une sensation de malaise général appelée malaise, des douleurs abdominales intenses et des douleurs abdominales supérieures.

La United States National Library of Medicine a même montré graphiquement un exemple de la façon dont la technologie des nanoparticules lipidiques infiltre votre corps au niveau génétique. (Annexe A-4) Cette étude des NIH a également bénéficié du soutien des Instituts de recherche en santé du Canada (FDN 148469) et du NanoMedicines Innovation Network (NMIN), un réseau canadien de centres d'excellence (RCE) en nanomédecine.

La nanotechnologie artificielle est composée de nanoparticules qui ont été intégrées dans le dispositif de thérapie génique de la COVID-19. Grâce à la nanomédecine qui supporte la conception et la recherche en matière de thérapie génique par ARNm, les scientifiques sont désormais en capacité de concevoir ce qu'ils appellent officiellement des «interfaces cerveau — machine», comme le montrent les départements de bio-ingénierie et de neurosciences, du Center for Engineered Natural Intelligence et de l'université de Californie de San Diego aux États-Unis.

Dans « A New Frontier : The Convergence of Nanotechnology, Brain Machine Interfaces, and Artificial Intelligence », Gabriel A. Silva décrit comment la nanotechnologie que Santé Canada énumère officiellement dans son prétendu «vaccin» approuvé, fait partie d'une nouvelle frontière de la science conçue pour permettre non seulement la modification, la régulation et la réduction au silence de vos gènes sans votre permission expresse, mais aussi la cartographie et potentiellement le contrôle de vos fonctions cérébrales par un robot (Annexe A5).

Après que le Dr Byram Bridle, virologue canadien, ait démontré le lien entre le mécanisme de thérapie génique COVID — 19 et les lésions cardiovasculaires et cérébrales, il a dû se cacher en raison des efforts combinés des agents de la désinformation sous le régime Trudeau pour empêcher la vérité de sortir.

Aux États-Unis, les preuves du complot sont bien documentées sur des sites Web scientifiques, mais, au Canada, le gouvernement Trudeau a combiné ses efforts avec les collèges provinciaux de médecins et de chirurgiens qui réglementent les médecins pour réduire au silence ceux qui cherchent à présenter des preuves bien documentées de dommages associés à la thérapie génique COVID-19. Il n'est donc pas étonnant que les Américains en général soient moins enthousiastes à l'idée de recevoir le vaccin. Les autorités canadiennes de la santé publique et les grands médias canadiens ont travaillé en tandem avec le gouvernement Trudeau pour refuser toute information sur ce qu'est réellement le « vaccin ».

Dans « What's Not Being Said About Pfizer Coronavirus Vaccine », le Dr Romeo Quijano, professeur retraité de pharmacologie et de toxicologie à la faculté de médecine de l'University of the Philippines à Manille, a relevé certains des dangers de l'édition expérimentale de gènes lorsqu'elle est appliquée aux vaccins humains. Dans cet article, le Dr Quijano met en garde contre « le danger que le vaccin puisse en fait "renforcer" la pathogénicité du virus, ou le rendre plus agressif, peut-être en raison d'une aggravation dépendante des anticorps (ADE), comme cela s'est produit lors d'études antérieures sur des vaccins expérimentaux chez l'animal, conduisant à un scénario désastreux ».

Si le COVID-19 était génétiquement modifié, comme le relate le livre COVID-19 : The Genetically Engineered Coronavirus Pandemic, les mutations ou les variants pourraient être intentionnellement conçus pour fournir aux entreprises de biotechnologie un état permanent de « pandémie » pouvant être exploité pour obtenir davantage de profits commerciaux et pour aider les gouvernements à justifier davantage de coercition à l'encontre des « non-vaccinés » en tant que source faussement attribuée aux « variants ».

Notamment, Bill Gates a présenté en 2018 dans le magazine Council on Foreign Relations de New York, Foreign Affairs, une nouvelle technologie d'édition de gènes CRISPR qu'il avait promue avec effusion comme pouvant « transformer le développement mondial », et que sa Fondation Gates avait financé des développements d'édition de gènes pour un programme de vaccination.

La Fondation Gates finance 45 % des fonds de l'Organisation mondiale de la santé provenant d'entités non gouvernementales, selon les chiffres fournis par l'OMS sur Devex.com. Et le seul donateur qui a donné plus d'argent que Bill Gates est le gouvernement américain. Il n'est donc pas nécessaire d'être un génie pour comprendre pourquoi l'OMS a cherché à rebaptiser « vaccin » la technologie de thérapie génique de la Fondation Gates, concoctée pour redessiner la race humaine. Ceci est corroboré par de nombreuses sources, y compris des médecins cités sur *YouTube*, COVID-19 & The Cabale.

Il est évident que le gouvernement Trudeau, ainsi que les autorités de santé publique en matière de thérapie génique COVID-19, cherchent à défendre un projet parrainé par Gates via l'écran de fumée que constitue l'OMS. Des médecins canadiens forts d'années d'expérience professionnelle et de formation médicale sont menacés et censurés au nom des ambitions politico-financières d'une cabale intéressée.

Nous ne découvrirons peut-être jamais les noms exacts des personnes qui ont été les véritables cerveaux criminels de l'ingénierie génétique de la COVID-19. Mais nous devons tous assumer la responsabilité pour avoir supporté un système économique dans lequel les entreprises recherchent un profit insatiable. Dans un tel système, les entreprises qui réussissent sont incitées à se passer de toute éthique. Dans un tel environnement, si vous êtes riche et puissant, pourquoi ne pas concevoir une arme biologique pour effrayer les gens afin qu'ils prennent un vaccin que vous avez créé pour redessiner les populations afin de les contrôler grâce à l'intelligence artificielle ?

Dans une démocratie, le gouvernement veille à ce qu'un environnement soit créé pour permettre aux citoyens de prendre des décisions éclairées. Une démocratie est également fondée sur le respect des libertés individuelles, permettant aux personnes de faire des choix concernant leur propre corps.

Le gouvernement Trudeau contraint les Canadiens à prendre un produit expérimental que Santé Canada n'a pas réussi à informer correctement sur la nature de ses ingrédients. Les applications de la thérapie génique impliquant la nanotechnologie et l'intelligence artificielle ne sont rien de moins qu'un crime contre l'humanité. Le « vaccin » COVID-19 est une application de bio-ingénierie conçue pour modifier génétiquement et contrôler les humains par l'utilisation d'une source d'intelligence artificielle tierce. Le « vaccin » COVID-19 ne semble pas être le protecteur bénin et non invasif de la santé humaine contre un supposé virus.

Il est évident que les gouvernements ont autorisé l'utilisation d'un « vaccin » dont ils savent qu'il pourrait causer des lésions étendues et même la mort dans des groupes de population. C'est apparemment le cas puisque les gouvernements, y compris celui du Canada, ont cherché à protéger les fabricants de la thérapie génique COVID-19 de toute responsabilité. Ils ne travaillent pas à protéger la santé publique comme ils prétendent le faire. S'ils le faisaient, ces gouvernements auraient permis aux citoyens de tenir les sociétés pharmaceutiques et biotechnologiques respon-

sables devant les tribunaux de toute blessure et de tout décès, en
présentant des preuves scientifiques établissant un lien entre leur
outil de thérapie génique et les réclamations pour dommages.

Le gouvernement Trudeau cherche à contraindre les Canadiens à participer à une expérience biotechnologique de masse
destinée à enrichir les fabricants d'une thérapie génique, qui
ont engrangé des milliards pour permettre le contrôle des corps
humains à l'aide de la nanotechnologie qu'ils ont élaborée à cette
fin. En renonçant à toute revendication de responsabilité, tous
les partenaires impliqués dans la production du dit vaccin n'ont
aucun intérêt financier à garantir la sécurité de leur produit.
Au lieu de cela, ils ont réussi à enrôler les gouvernements et les
porte-paroles du marketing sous le couvert d'une coordination
autoritaire par les médias grand public et les sites de partage de
médias sociaux comme partenaires du crime.

Il est également évident que le programme du « passeport
vaccinal » de Trudeau menace de conduire le Canada à devenir
le type de société état policier cryptofasciste qui est en vigueur
en Australie grâce à la mise en place de son propre système de
passeport vaccinal basé sur le code QR. L'Australie nous montre
à quelle vitesse des démocraties florissantes se transforment en
répliques d'une société autoritaire comme celle de la République
populaire de Chine. Le programme de vaccination biométrique
de Justin Trudeau est un système dans lequel les Canadiens
seront contrôlés par une matrice d'intelligence artificielle sur-
veillant et régulant tous leurs gestes dans le but d'atténuer les
risques pour la santé publique causés par les activités très néfastes
d'une Cabale.

Les passeports biométriques permettront aux partenariats
« public privé » de stocker électroniquement toutes les caractéristiques personnelles d'un individu, quel que soit l'usage qu'ils

souhaitent en faire, sans le consentement des personnes concernées et au nom des protocoles de sécurité nationale. Si l'on ajoute à cela les données que les entreprises de biotechnologie vont extraire des expériences de thérapie génique, la « pandémie » offre à la Cabale des bénéfices commerciaux sans précédent et de nouvelles possibilités de recueillir des renseignements pour soutenir ses ambitions politiques.

Inévitablement, les principaux donateurs seront reconnaissants pour la coopération du régime Trudeau dans le Nouveau Monde de la collecte de renseignements biométriques que la « pandémie » a rendu possible.

Pour les Canadiens qui n'aspirent pas à être de tels grands donateurs, il peut être utile de comprendre que notre expérience collective de la « pandémie de COVID-19 » fait partie d'une ligne temporelle artificielle. La COVID-19 et les dommages dont elle est responsable sont réels, mais la pandémie ne l'est pas.

La pandémie est le produit d'un état de conscience artificiel induit dans lequel le monde dans lequel vous pensez vivre est le monde dans lequel la Cabale veut que vous viviez. Son objectif est tout sauf vertueux, altruiste et bien intentionné.

La pandémie est la manifestation d'un système de contrôle bien préparé qui a été révélé aux yeux du public dans un document du gouvernement américain intitulé « Influenza Pandemic » et présenté par Jesse Ventura dans son émission révolutionnaire, *Conspiracy Theory* (2010), dans laquelle il a apporté la preuve en images de conspirations profondes. L'illusion d'une pandémie générale est le résultat d'une orchestration élaborée par les grandes entreprises et les médias gouvernementaux, des politiciens cooptés, le détournement de données sur la mortalité et d'autres données comme les « cas de COVID-19 ». Les « experts » et les autorités de santé publique présentent un scénario conçu pour refléter les préjugés de l'OMS financée en substance par Bill Gates, et les efforts correspondants des réseaux sociaux comme *Twitter*, *Facebook* et *YouTube* pour censurer toute preuve visuelle et autre de la propagande pandémique. Voilà le système de contrôle auquel souscrivent les gouvernements Trudeau et les autres politiques corrompus sur la Colline du Parlement, dans les législatures provinciales et les gouvernements municipaux, incluant Toronto.

Le gouvernement Trudeau a échoué lamentablement à éduquer et à informer les Canadiens dans leurs efforts pour faire des choix personnels en matière de soins de santé pendant la supposée pandémie, et il l'a fait en association avec d'autres politiciens et responsables de la santé publique corrompus qui se sont prostitués au profit d'un dessein caché.

(La) Charade pandémique de Legault

François Legault est l'un des principaux politiciens qui se prostituent dans une «pandémie» orchestrée. La destruction de vies humaines au Québec était une composante nécessaire de la charade de François Legault, et de celle de ses autres homologues à travers le Canada. La première étape de cette charade a été de permettre à des médecins qualifiés d'être menacés pour avoir préconisé des scénarios de traitement précoce dans la lutte contre la COVID-19, en qualifiant les efforts héroïques de ces médecins de «désinformation médicale».

Dans un second temps, le Premier ministre Legault a tout simplement permis aux gens de se retrouver malades dans des lits de soins intensifs, ainsi que dans des établissements de soins de longue durée délabrés pour personnes âgées, privés des services d'inspection et du financement du gouvernement. Avec cette propagation délibérée télévisée, un spectacle national a été conçu afin de créer la peur et la panique parmi le public.

Le nombre de décès augmente encore en raison du rôle de Legault dans le blocage de toute prévention autre que les faibles mesures de masques faciaux et de «distanciation sociale» — prescrites par les autorités de santé publique. Cela étant fait, la troisième étape de Legault a été d'aider ces bienfaiteurs biotechnologiques et pharmaceutiques multimilliardaires à prétendre que la prise de ces « vaccins» représente la seule et unique façon d'arrêter la propagation du COVID et d'être un bon Québécois. Pour Legault, seuls les Québécois qui se font vacciner pourront fréquenter « ses» hôpitaux et utiliser «ses» services. Alors, obéissez et faites-vous vacciner, sans tenir compte de votre très faible risque de contracter la COVID-19 et du risque réel et censuré de subir un effet indésirable.

En effet, le Dr Charles Hoffe, l'un des nombreux médecins acclamés par la critique, mais aujourd'hui censurés et devenus des dénonciateurs, a indiqué dans une interview accordée à Agora Média que chacun de ses patients ayant pris le «vaccin» a commencé à développer une coagulation du sang, comme confirmé par un test «D-dimer».

Legault ne se soucie pas non plus du fait que vous faites partie des 99,9 % de Québécois qui peuvent soigner la COVID-19 avec des vitamines C et D. En effet, un médecin québécois qui a contracté la COVID s'est rétabli en trois jours avec des doses additionnelles de vitamine C. Legault veut que 100 % des Québécois fassent la file pour recevoir leur vaccin et, comme tout psychopathe, il ne se soucie pas du nombre de Québécois qui subissent des effets secondaires à long terme ou qui décèdent, comme de nombreuses personnes dans le monde qui ont reçu le vaccin.

Préface

S I VOUS REGARDIEZ LA TÉLÉVISION et que dans une émission, un homme à la réputation douteuse vous disait qu'il allait vous envoyer quelque chose à boire qui vous guérirait de n'importe quel mal ou maladie, est-ce que vous choisiriez de boire aveuglément ce qu'il vous enverrait par courrier? Accuse-riez-vous alors une personne qui pense que vous devriez vérifier de manière éclairée les composants de la boisson que vous envi-sagez de boire, d'être un « théoricien du complot » et de boire malgré tout le produit? *Certainement pas*. Avoir une telle foi aveugle serait un réconfort pour un fou. En tant qu'être humain rationnel et doté d'un esprit critique, vous aimeriez savoir ce que contient ce liquide avant de le boire.

Malheureusement, c'est ce genre de pensée critique que les intérêts des grandes entreprises, propriétaires des médias dits grand public, et les géants des réseaux sociaux comme *Facebook* ont cherché à écarter de tout débat public. Après avoir plongé le public dans un état de peur au sujet des psychopathes qui ont conçu génétiquement la COVID-19, comme je l'ai expliqué dans mon précédent livre intitulé COVID : *The Genetically Engineered Pandemic*, ces mêmes médias voudraient désormais que vous fassiez aveuglément la file pour obtenir un produit vaccinal créé par des personnes que vous ne connaissez pas et qui auraient des liens avec un complexe politico-militaro-industriel cherchant à injecter leurs substances dans vos veines sans rien savoir de ce qu'ils prétendent « vous protéger de la COVID ».

Pfizer, qui a été l'un des chefs de file de la « course au vaccin », a des liens avérés avec un complexe politico-militaro-industriel, et la pandémie, révèle l'objectif ultime de cette alliance apparemment égoïste et oppressive.[1 2]

Les ingrédients toxiques présumés de la COVID-19 et d'autres vaccins de ce type contiennent des OGM, du mercure et les agents toxiques suivants.[3]

- acétone (solvant utilisé dans le dissolvant de vernis à ongles)
- sulfate d'ammonium
- amphotéricine B
- béta-propiolactone
- formol
- gélatine
- glycérol
- gélatine hydrolysée
- indicateur rouge de phénol
- phénoxyéthanol (antigel)
- diphosphate de potassium
- monophosphate de potassium
- polymyxine B
- polysorbate 20
- polysorbate 80
- protéines MRC5 résiduelles
- sorbitol
- streptomycine (antibiotique)
- tri(n)butylphosphate (neurotoxine)

Examinons l'un de ces additifs pour vaccins. Selon le New Jersey Department of Health and Senior Services du New Jersey, « le béta-propiolactone » est un PRODUIT CHIMIQUE CORROSIF, qui peut gravement irriter et brûler les yeux avec des dommages permanents possibles (opacités cornéennes).

Par ailleurs, ils précisent que « le contact peut irriter et brûler la peau » et que « la respiration du béta-propiolactone peut irriter le nez, la gorge et les poumons, provoquant de la toux, une respiration sifflante et/ou un essoufflement ». Ils concluent que « l'exposition répétée ou élevée peut affecter le foie et les reins ».[4]

Le polysorbate-80 a été associé à la stérilité humaine.[5]

En référence à ce livre, l'auteur à succès, le Dr Christiane Northrup, révèle spécifiquement que le vaccin COVID-19 défendu par Pfizer et d'autres intérêts de Big Pharma a été truffé de « particules biométriques » conçues pour transmettre des données vous concernant, y compris vos activités sexuelles.[6]

Le Dr Northrup révèle que le « vaccin ARNm (ARN messager) » contre la COVID-19 a été conçu grâce à un brevet du MIT visant à reséquencer l'ADN humain pour soutenir un programme transhumaniste inspiré de l'intelligence artificielle (IA).

Le Dr Northrup révèle également que lorsqu'un individu est « vacciné », il transmet en permanence des données le concernant à un réseau mondial 5G contrôlé par les ultra-initiés de la Big Tech, en tandem avec un complexe politico-militaire industriel. [Annexe]

Dans l'interview sur *YouTube* dans laquelle elle a révélé ces informations, la Dr Christiane Northrup a également dévoilé être une médecin gynécologue et obstétricienne diplômée, formée à la Dartmouth Medical School et au Tufts New England Medical Center. Dr. Northrup further elaborates that she is also a former Clinical Professor of OBGYN at the University of Vermont

College of Medicine. She is the author of three *New York Times* best-selling books, including *Women's Bodies, Women's Wisdom, The Wisdom of Menopause,* and *Goddesses Never Age.*

Le Dr Northrup précise qu'elle est également un ancien professeur clinique en médecine gynécologique et obstétrique à la University of Vermont College of Medicine. Elle est l'auteur de trois livres à succès du New York Times, dont *Women's Bodies, Women's Wisdom, The Wisdom of Menopause* et *Goddesses Never Age.*

De tels composants dans un vaccin COVID-19 sont-ils conçus pour favoriser l'immunité en particulier ou votre santé en général ?

Aux côtés des partisans d'un programme de vaccination massive contre le COVID-19, on trouve des technocrates dirigés par des responsables de la santé publique du Canada et du monde entier, qui vous diront d'aller acheter un masque jetable dans votre épicerie de quartier, sans tenir compte du fait que ces masques contribuent à la pollution par les matières plastiques de nos villes et nos océans. *Si plusieurs milliers de médecins, d'infirmières et d'autres professionnels de la santé ayant reçu une formation médicale contractent la* COVID-19 *avec des masques de qualité médicale, comment voulez-vous que votre masque bas de gamme, acheté en magasin vous protège de quelqu'un qui est atteint de la* COVID-19 *?* Le véritable objectif apparent derrière le dictat du masque facial est en fait, une opération psychologique de masse, destinée à utiliser la pandémie pour « acclimater » les populations au contrôle social et à un état de peur.

Chaque fois que vous mettez votre masque, les contrôleurs veulent vous rappeler la pandémie et vous plonger dans un état de peur sans pour autant vous protéger de la COVID-19.

Avez-vous remarqué que ces responsables de la santé publique ne donnent jamais de bonnes informations sur la façon dont les gens peuvent renforcer leur immunité grâce à un régime de suppléments de vitamines et de minéraux que la population chinoise a utilisé avec succès pour combattre la COVID-19 ? Au lieu de cela, ces mêmes fonctionnaires prêchent à longueur de journée sur ces masques quasi inutiles et la « distanciation sociale » afin de saboter les activités communautaires et le commerce et de « rester chez vous jusqu'à ce que nous puissions vous injecter nos vaccins ». Chacun de ces responsables de la santé publique répète les mêmes paroles parce que leur script provient des ultra-initiés qui ont initialement orchestré la pandémie dans le but d'amener chaque homme, femme et enfant à assimiler leur plan démoniaque.

La COVID-19 est le fruit d'un projet des ultra-initiés qui s'inquiètent de la « surpopulation » et de la remise en cause de leur autorité par des individus et des groupes inspirés par les droits de l'homme et la protection de l'environnement qui s'opposent aux atrocités en constante augmentation dans le monde. Selon les ultra-initiés, la solution à ce problème consisterait à injecter à tous les habitants de la planète des « substances » qui permettraient de réduire leur espérance de vie, de provoquer la stérilité, de traquer les gens et de modifier les fonctions cérébrales dans le but de les rendre beaucoup plus passifs face à l'autorité. Il est évident que la COVID-19 a été concoctée pour susciter une hystérie de masse afin de diriger ensuite tout ce monde vers la « seule » solution à leur peur, qui sera de recevoir le vaccin, seul moyen de se protéger et de protéger la société de l'infection.

L'incroyable richesse financière des multimilliardaires du monde entier, comme Bill Gates, qui se sont alliés aux intérêts des grandes entreprises, leur a fait développer un complexe de

Dieu Le Père par rapport à notre planète Terre et à l'humanité. Ces milliardaires ont réussi à infiltrer des gouvernements ainsi que des organisations représentatives de la santé mondiale sous couvert de « philanthropie » et de « charité », alors que leur objectif ultime est loin d'être charitable.

Deux grands groupes de personnes se complaisent à rejeter l'idée des soi-disant « théories du complot ». Le premier groupe est celui des gens de la masse qui pensent que nous vivons dans une « société globale » qui n'est qu'une grande École du dimanche, où tout le monde agit comme s'il était membre des scouts et des éclaireuses. L'autre groupe est celui des ultra-initiés qui perpétuent les conspirations qu'ils ne veulent pas que vous sachiez. L'une des conspirations les plus notoires et les mieux documentées de l'histoire des États-Unis est l'opération Northwoods, qui impliquait un complot des services de renseignement américains visant à renverser le gouvernement cubain de Fidel Castro.[7] Cela dit, un autre complot célèbre qui a abouti à la guerre d'Irak était la fausse affirmation que Saddam Hussein stockait des armes de destruction massive.

Il existe quatre types de conspirations. Le premier implique la collaboration de personnes et de groupes qui agissent de manière intéressée, généralement pour obtenir des gains financiers, mais qui agissent légalement et sans intention de causer du tort à des intérêts politiques/gouvernementaux spécifiques ou à des groupes spécifiques de personnes.

Le deuxième type de conspiration implique des criminels agissant ensemble ou des organisations criminelles bien organisées. Le troisième type implique des tiers qui agissent comme des « terroristes » ou des criminels extérieurs et qui cherchent à attaquer des entreprises ou des intérêts politiques ou gouvernementaux.

Les trois premiers types de conspirations ont tendance à être surveillés et arrêtés par les forces de l'ordre lorsqu'ils commencent à transgresser le Droit pénal et les autres lois.

Il est évident que la « plandémie » COVID-19 ne fait pas intervenir les trois premiers types de conspirations. Au contraire, le plan qui prévaut semble impliquer une « conspiration du quatrième type ». Autrement dit, la pandémie de COVID-19 était une apparente « haute conspiration » perpétrée par des ultra-initiés, qui sont collectivement bien plus puissants que le bureau du président des États-Unis et qui sont composés d'éléments de ces mêmes ultra-initiés que le président Trump a promis de défier pendant sa présidence. C'est pourquoi Trump et ses proches alliés ont cherché à « adopter une approche différente » du programme de contrôle social poursuivi par ceux qui cherchent à collaborer avec les ultra-initiés qui ont perpétré la pandémie en premier lieu.

J'appelle ces ultra-initiés, les « archontes », et je démontre leur capacité à contrôler les forces de l'ordre ainsi qu'une clique de juges dans mon livre *Justin Trudeau, Judicial Corruption and the Supreme Court of Canada*. Ils n'agissent pas dans le cadre de la loi, mais au-dessus de la loi.

Lorsque le président américain Donald Trump a déclaré vouloir « Assainir le marécage », il faisait référence aux ultra-initiés qui ont cherché à contrôler les politiciens américains et internationaux comme des marionnettes.[8]

Ce livre décrit un scénario de corruption élevée de la part des ultras initiés, qui ont le pouvoir de concocter et d'appliquer une conspiration en raison de leur contrôle financier et politique collectif sur le capitalisme.

Les recherches exposées dans ce livre ne sont pas le produit d'une soi-disant « théorie » de la conspiration, mais le résultat de minutieuses analyses, d'observations et de l'expérience directe d'intérêts qui se nourrissent de la tromperie de masse quant à leur véritable programme. Ces individus ultra-initiés aiment souvent se cacher derrière des causes «rassurantes» telles que les droits de l'homme, la justice sociale, la protection de l'environnement et les programmes de vaccination, mais n'ont aucune intention réelle.

L'objectif de ces ultra-initiés est de se rallier à ces causes ou de s'y intégrer complètement afin de s'assurer que si le public entend une allégation de leur association à une conspiration, il la jugera totalement incrédule.

La tromperie est manifeste lorsqu'on entend des propos semblables : « Vous voulez dire Billy ? *Non...* Il est responsable de cette grande "aide" pour les gens de l'organisation du tiers-monde. Il ne ferait jamais une chose *pareille* ». Ou encore, « tu veux dire Jenny ? Non... *C'est une fervente écologiste.* Impossible qu'elle travaille pour les pollueurs et qu'elle aide à exploiter les enfants... Ce n'est rien d'autre qu'une théorie du complot ! »

Dans notre monde, la tromperie devient de plus en plus apparente sous les auspices des ultra-initiés. On cherche à nous faire prendre, à travers les médias, des vessies pour des lanternes.

Ce livre examine l'intrigue et les manœuvres connexes concernant les vaccins COVID-19 et explore plus en détail les enjeux — au Canada, aux États-Unis et dans le monde entier. Les ultra-initiés ont trois désirs primordiaux en cherchant à contrôler votre corps. Le premier est de vous injecter des substances toxiques, comme je l'ai décrit.

La mortalité causée par ces substances, qui entraînent des «décès prématurés», sera imputée à des «conditions de santé préexistantes» ou à des mutations «imprévues» de la COVID-19, qui créent davantage de décès et servent le programme de dépopulation des ultra-initiés. Un tel programme de vaccination a également été lié à l'infertilité pour servir encore plus l'objectif des ultra-initiés de libérer les ressources mondiales en se débarrassant de certaines personnes.

Le deuxième objectif déclaré est de vous injecter une nanotechnologie ainsi qu'un « tatouage biométrique », qui permettra à l'IA de vous contrôler et de suivre tous vos faits et gestes.

Le troisième objectif visé est de vous transformer en une créature passive de type robot, le prolongement d'une IA unifiée.

Cela se traduirait par une combinaison apparente d'OGM, de nanotechnologies et de reséquençage de l'ADN, résultat d'un « cocktail Molotov » de réactions biochimiques et biologiques toxiques. La « fin du jeu » est réputée être la colonisation future de la Terre par des entités extraterrestres démoniaques qui, d'après les dénonciateurs, contrôlent les institutions mondiales en violation de la souveraineté humaine et qui utiliseront les populations humaines restantes comme une espèce esclave dépourvue de libre arbitre après leur avoir injecté de soi-disant « vaccinations » contre la COVID-19.

Ça a l'air bizarre, n'est-ce pas ? L'honorable Paul Hellyer, ancien ministre canadien de la Défense nationale, a beaucoup communiqué sur les interactions entre les extraterrestres manipulateurs et les intérêts représentatifs.[9]

Il s'agit ici des intérêts représentatifs des ultras initiés qui sont à l'origine de la pandémie actuelle contre l'humanité. Ayant connu et rencontré l'honorable Paul Hellyer, je peux vous dire qu'il est aussi « droit qu'une flèche » puisse l'être. Si Monsieur Hellyer dit qu'il y a des extraterrestres manipulateurs qui fréquentent les ultra-initiés dans le dos de leurs semblables, alors oui, c'est le cas. Les érudits qui soutiendront les représentations de l'honorable Paul Hellyer sont entre autres le Dr Michael Salla, ainsi que des chercheurs indépendants comme David Icke, des dénonciateurs et des personnes contactées comme Alex Collier, qui décrivent des interactions hostiles avec des extraterrestres régressifs dans des installations souterraines présumées, et de nombreuses personnes qui ont été victimes d'enlèvements par des extraterrestres, y compris d'expériences médicales.

Essayez de questionner les archontes très engagés dans la politique sur ces extraterrestres, et vous serez soit ignoré, soit ils essaieront de détourner le sujet sur vous plutôt que d'essayer de nier catégoriquement leur présence.

Dans mon livre intitulé Justin Trudeau, *Judicial Corruption and the Supreme Court of Canada*, figure une représentation graphique, aimablement fournie par le Dr Michael Salla, qui recense une myriade de groupes extraterrestres manipulateurs, qui ont interagi avec des ultras-initiés au fil des générations pour provoquer des conflits allant de l'extrémisme religieux au terrorisme, en passant par des crises financières et des guerres ouvertes.

La COVID-19 n'est rien d'autre qu'un complot apparent visant à faire culminer tous ces efforts infâmes dans un Nouvel Ordre Mondial induit par une pandémie. L'objectif de cet ordre dystopique est de détruire les droits et les libertés au sein des sociétés humaines sur notre planète Terre en faveur d'un État totalitaire mondial confiné sous le contrôle d'intérêts extraterrestres manipulateurs d'IA et d'ultra-initiés psychopathes sous le prétexte de la nécessité de « protéger la santé publique et de sauver des vies ». Le véritable objectif des efforts actuels sponsorisés par l'élite pour conduire notre planète dans un enfer de leur propre création est d'accélérer la destruction des vies humaines et de notre planète Terre.

David Icke, qui a documenté l'infiltration des ultras par des entités extraterrestres manipulatrices, a décrit le but ultime de la pandémie comme étant une « Hunger Games Society », lorsque les économies libres dominantes qui se sont également irrévocablement écrasées dans un état d'échec complet seront « réinitialisées » en une « économie sans papier ».

En effet, le Dr Northrop révèle que le brevet WO/2020/060606 de Bill Gates est conçu pour relier les données biométriques de chacun à un système de cryptomonnaie contrôlé par des ultra-initiés.[10]

Nikita Mikhalkov, le réalisateur russe oscarisé, apparaissant dans un programme de « Besogan TV », a affirmé avec véhémence que le brevet est le dévoilement d'un plan satanique visant à micropucer l'ensemble de la population mondiale, et il était clair pour lui, au vu de l'apparition du chiffre du diable « 666 » dans la demande de brevet[11], que Satan est en réalité une entité extraterrestre démoniaque. Les recherches de John Lash sur les anciens gnostiques païens visaient à mettre en garde l'humanité contre l'IA, incarnation d'extraterrestres sataniques.

Les anciens gnostiques païens ont cherché à prévenir l'humanité, il y a longtemps, de la menace de l'IA à laquelle elle est aujourd'hui confrontée par le biais du complot du vaccin contre la COVID-19.

Les « individus » qui se cachent derrière ce complot peuvent nous ressembler, mais comme le révèle David Icke, selon ce contact avec des anciens de tribus indigènes, ils ne sont pas du tout humains.

C'est drôle, n'est-ce pas ? Haha ! Je peux vous assurer que ce n'est pas une blague. J'aimerais que ce le soit, cependant. J'ai rencontré plus d'une de ces entités. L'une d'entre elles, qui avait l'air très humaine, pouvait, en fait, apparemment lire l'esprit d'un humain de la même manière que vous pouvez lire un journal.

Et je ne veux pas dire simplement lire les « émotions », mais lire les mots exacts que vous pensez.

Si les ultra-initiés parviennent à leurs fins, seules les personnes ayant été micropucées au moyen de vaccins COVID-19 seront autorisées à acheter de la nourriture et à avoir un emploi grâce à un système de cryptomonnaie vaccinale biométrique. Votre argent liquide, vos cartes de crédit, ainsi que votre compte bancaire, seront rendus inutiles.

Les gens qui refusent de se faire vacciner dans le « Meilleur des mondes » recherché par les ultra-initiés seront envoyés dans des camps de concentration sous le prétexte qu'ils constitueront un « risque de santé publique » pour le reste de la société tant qu'ils ne se feront pas vacciner. Comme le souligne ce livre, cette expérience de vaccination biométrique est déjà bien avancée en Afrique.

La Dr Christiane Northrup soutient que plus de 99 % des individus se remettront du COVID-19, tout en affirmant que les effets que les vaccins déclencheront chez les populations humaines sont sans fondement et irréversibles.

La lutte contre le programme de vaccins biométriques est un combat pour l'âme même, l'essence même de l'être humain, contre les ultra-initiés qui ont accédé au pouvoir dans l'ombre de diverses entités et de leur technologie d'IA invasive. *Devons-nous, en tant qu'*êtres humains, être littéralement vendus par des ultra-initiés à diverses entités par le biais d'*accords clandestins qui nous ont vraisemblablement mis aux enchères ? Ou devrions-nous, en tant qu'humains, commencer à affirmer notre libre arbitre pour être une espèce sensible, qui embrasse l'empathie, la paix et l'amour les uns pour les autres et notre environnement ? Là est l'enjeu.*

À toutes fins utiles, la COVID-19 est la troisième guerre mondiale par le biais d'une guerre non conventionnelle. Il s'agit d'une guerre mondiale lancée contre l'humanité, qui n'implique pas d'affrontements militaires ou de guerre thermonucléaire, mais plutôt un virus lancé par des ultra-initiés sous le couvert d'un réseau de médias qu'ils contrôlent. Cependant, comme pour les deux premières guerres mondiales, l'objectif final des belligérants est le même : la prise de contrôle de notre planète par un État totalitaire mondial, où Big Brother contrôle une population pacifiée. Et, comme pour les deux guerres mondiales, le nombre de victimes a été élevé, des communautés ont été détruites, et les belligérants qui, cette fois, cherchent à mettre leur plan à exécution par le biais de micropuces sous couvert de « santé publique » ne sont pas moins responsables de crimes contre l'humanité.

Références

1. *https://www.youtube.com/watch?v=MZZmSB8RPPc*
2. *https://www.militaryindustrialcomplex.com/totals.asp?this Contractor=Pfizer*
3. *https://thefreedomarticles.com/ toxic-vaccine-adjuvants-the-top-10/*
4. *https://nj.gov/health/eoh/rtkweb/documents/fs/0228.pdf*
5. *https://www.cadth.ca/infertility-risk-hpv-vaccine-gardasil-con- taining-polysorbate-80-clinical-review-evidence*
6. *https://www.youtube.com/watch?v=UcGZC9P9WBg*
7. *https://en.wikipedia.org/wiki/Operation_Northwoods*
8. *https://www.dictionary.com/e/politics/drain-the-swamp/*
9. *https://www.dailymail.co.uk/video/news/video-1079464/ Former- Defense-Minister-Aliens-live-us.html*

10. *https://patentscope.wipo.int/search/en/detail.jsf?docId=* WO *2020060606&tab=*PCTBIBLIO

11. *https://blockchain.news/news/bill-gates-foundations-co-vid-19- vaccine-is-satanic-plot-says-oscar-winner*

Introduction

V ERS LA FIN DE L'ANNÉE 2019, le monde a assisté à l'émergence d'un nouveau virus gravement contagieux, baptisé par la suite COVID-19 (également appelé 2019-nCoV et SRAS-CoV-2). Tous les scientifiques qui ont eu l'occasion d'examiner le virus depuis son apparition sont arrivés à la même conclusion : la COVID-19 possède des caractéristiques qui n'ont jamais été observées auparavant dans aucun virus de ce type 1, 2. Bien entendu, cela a donné lieu à un débat entre intellectuels sur la question de savoir si cet étrange virus était de fabrication humaine ou naturelle, la plupart des preuves penchant vers le fait que le virus a été créé dans un laboratoire de Wuhan.

Mais il semble que les gouvernements du monde ne soient pas totalement impartiaux dans cette enquête scientifique raisonnable. Au lieu de cela, par le biais des principaux médias, ceux qui contrôlent les gouvernements semblent avoir cherché à réduire au silence tous les experts scientifiques qui ont essayé d'informer le monde sur ce virus issu de la biotechnologie, en les qualifiant de théoriciens conspirateurs. Ces mêmes pouvoirs ont également fait disparaître les traitements et les méthodes naturopathiques, comme l'hydroxychloroquine, au profit d'une

ruée vers un «vaccin» qui serait la «panacée» pour lutter contre
la COVID-19.

La question des vaccins biométriques et des passeports immunitaires a été soulevée à maintes reprises dans de nombreux
pays par le passé, mais elle s'est toujours heurtée à une farouche
résistance dans la mesure où les risques encourus ont toujours
été supérieurs aux avantages. Mais depuis l'apparition du virus
biotechnologique, un nouveau discours a surgi : «Accepter le
vaccin ou courir le risque de mourir du virus de la COVID-19».

Face à la crainte du virus de la COVID-19, davantage de personnes pourraient commencer à envisager d'accepter ces vaccins.
De toute évidence, lors d'une pandémie, beaucoup pourraient
être tentés de faire un choix entre la protection des droits individuels et la confrontation à une menace existentielle pour leur
droit à la santé[4]; et cela ne conviendrait-il pas à Big Pharma?

La *Fondation Gates* a déjà consacré 300 millions de dollars à
la lutte contre le coronavirus et à la recherche d'un vaccin. Des
dizaines de millions de cette somme sont consacrés à assurer la
distribution des vaccins dans les pays pauvres[5]. À première vue,
ces gestes peuvent ressembler à de la charité, mais il s'agit en
réalité d'un complot diabolique qui pourrait exposer davantage
de personnes parmi les plus vulnérables de la planète; il s'agit
également d'un complot visant à faire disparaître la population
mondiale et à imposer un programme totalitaire à ceux que les
riches jugent bon de garder en vie.

En réalité, la COVID-19 ne représente pas une menace pour
l'humanité aussi importante que celle véhiculée par les médias
grand public. Les taux de mortalité liés à la COVID-19 sont gran-
dement exagérés pour susciter la peur et les vaccins biométriques
sont toujours aussi toxiques qu'ils l'ont toujours été.

POUR LE PROFIT

AVEZ-VOUS DÉJÀ ENTENDU L'HISTOIRE D'UN homme qui a piloté la biotechnologie d'un virus mortel et qui a ensuite laissé ce virus se déchaîner contre l'humanité? Cette histoire n'est pas imaginaire et ne s'arrête pas là. Sous prétexte de protéger le monde de ce virus mortel, ledit homme a élaboré un plan infaillible pour imposer à l'humanité un programme totalitaire radical.

L'homme en question ne serait autre que le Dr Anthony Fauci, directeur du National Institute for Allergy and Infectious Diseases (NIAID). La trahison du Dr Fauci dans l'affaire COVID-19, ses liens effrayants avec l'armée chinoise et son rôle dans la création du virus COVID-19 ont été mis en lumière dans un exposé rédigé par le Dr Peter R. Breggin, psychiatre diplômé de Harvard et ancien consultant au NIMH, et son épouse Ginger R. Breggin[6].

L'exposé des époux Breggin révèle comment Fauci a prétendument dirigé l'une des plus grandes, des plus agressives et des plus dangereuses interventions humaines dans la nature dans le cadre de la recherche par gain de fonction, dans laquelle un virus inoffensif a été extrait de la nature et transformé en un pathogène pandémique mortel. Fauci a servi de force extraordinairement destructrice dans le monde en parrainant des scientifiques chinois pour créer le SRAS-CoV-2 et d'autres virus mortels destinés à être utilisés comme armes biologiques.

Simultanément, il a développé des liens effrayants avec le Parti communiste chinois et ses forces armées, finançant leurs activités par le biais du NIAID et les aidant à obtenir de précieux brevets américains. Puis, en collaboration avec la Chine et l'OMS, il a d'abord caché les origines et les dangers de la pandémie, afin qu'elle se propage plus rapidement dans le monde. Il s'est ensuite présenté comme le messie de la pandémie qu'il a contribué à créer, augmentant ainsi considérablement son pouvoir et son influence, ainsi que la richesse de son institut et de ses collaborateurs internationaux, dont Bill Gates et l'industrie pharmaceutique internationale.

L'un des plus grands dommages prétendument causés par Fauci au cours de la pandémie de la COVID-19 est son appui donné à la surestimation du nombre de cas de COVID-19 et des décès signalés par le CDC, puis l'utilisation de ces estimations gonflées pour justifier des mesures de santé publique oppressives sans précédent et avec peu ou pas de base scientifique, mais qui augmentent son influence et son pouvoir ainsi que la richesse de ses associés mondialistes qui veulent juste vendre leurs vaccins fabriqués à la va-vite.

Grâce à Fauci, la plupart des gens ignorent la vérité sur le coronavirus de 2019, notamment le fait que dans seulement 6 % des décès dits «COVID-19 », le virus est la seule cause du décès. Cela signifie que dans 94 % des cas, les malades avaient d'autres pathologies sous-jacentes. Par ailleurs, la plupart des personnes décédées à cause de la COVID-19 avaient une longévité proche ou supérieure à la moyenne et souffraient également d'autres maladies sous-jacentes. Ayant établi ces faits, le Dr Breggin affirme que les risques associés à la COVID-19 ne justifient pas les mesures draconiennes imposées à l'humanité.

Peter R. Breggin, en plus d'être l'un des principaux réformateurs de la psychiatrie aux États-Unis, il est également un expert médico-légal, avec des connaissances uniques et sans précédent quant aux pratiques frauduleuses trop souvent commises par l'industrie pharmaceutique dans la recherche et la commercialisation des médicaments. Il a témoigné à plusieurs reprises devant des tribunaux dans le cadre de procès pour faute professionnelle, responsabilité du fait des produits et poursuites pénales, concernant principalement les effets indésirables de médicaments. Il a également été appelé à déposer devant des agences fédérales et le Congrès américain, notamment en tant qu'expert en matière d'effets indésirables de médicaments psychiatriques pour la Federal Aviation Agency (FAA). Enfin, il a témoigné à de nombreuses reprises lors d'audiences de la FDA.

Les travaux antérieurs de Breggin ont été cités à maintes reprises dans les médias du monde entier, parmi lesquels *Time magazine* et *The New York Times*. Il a également été invité à de multiples reprises, dans des émissions télévisées réputées telles que, tels que *Oprah*, *60 Minutes*, *20/20*, *Larry King Live*, and *Good Morning America* to the *O'Reilly Factor* and Doug Kennedy on the *Fox News Channel*.[7]

Les recherches de M. Breggin, ainsi que celles de plusieurs autres de ses pairs, ont révélé que le virus a bel et bien été créé dans un laboratoire chinois et délibérément infligé au monde, afin que le Dr Fauci, soutenu par des personnalités comme Bill Gates et l'OMS, puisse faire avancer sa cause et imposer un programme totalitaire radical à l'humanité.

L'OPPORTUNITÉ PARFAITE

À L'HEURE ACTUELLE, LE LIBRE ARBITRE et la vie privée des êtres humains sont menacés par les vaccins biométriques, qui constituent apparemment le programme caché de cette pandémie. Ces vaccins biométriques sont la base d'un plan beaucoup plus ambitieux visant à doter les citoyens du monde entier d'une identité biométrique. Les grandes entreprises, aux côtés de l'État, collaborent à la création d'une société où chacun de vos mouvements sera épié. David Rockefeller, le regretté ploutocrate et ingénieur du mondialisme, avait déclaré lors d'un dîner des Nations unies : « Tout ce dont nous avons besoin, c'est de la crise adéquate et les gens accepteront le nouvel ordre mondial ».[8]

Les grands médias ont supprimé le flux d'informations publiques concernant la COVID-19. Les personnes ont été emprisonnées chez elles en observant les mesures strictes de confinement mises en place par le gouvernement. Cela a créé une panique et une hystérie de masse. Une crise sans précédent se déroule sous nos yeux, exactement ce que les Nations Unies ont toujours souhaité. Le coronavirus a fourni une occasion parfaite de promouvoir un programme totalitaire relevant du Nouvel Ordre Mondial.

A La course mondiale pour un vaccin efficace a été lancée. L'élite mondiale et ses technocrates vont engranger de gros profits avec ce vaccin. Mais leur objectif ultime est bien plus sinistre que cela. Le vaccin contre la COVID-19 est utilisé comme plateforme pour lancer un système mondial d'identification biométrique. C'est le cheval de Troie parfait pour l'État qui cherche à contrôler et à microgérer la vie des gens ordinaires. Il s'agira d'un outil permettant d'éliminer les critiques et les adversaires en les désignant comme des ennemis de l'État.

Le scepticisme concernant le vaccin COVID-19 grandi, et pour de bonnes raisons. L'État a coutume d'induire les gens en erreur. Un exemple flagrant en est l'épidémie de grippe porcine de 1976 dans une base de l'armée américaine[9]. L'État a considéré qu'il s'agissait d'une pandémie potentielle et le président Gerald Ford a autorisé l'octroi de 135 millions de dollars pour le développement d'un vaccin. Environ 25 % des Américains ont reçu le vaccin dans les 10 mois qui ont suivi, mais la pandémie mondiale ne s'est jamais déclarée[9]. Au lieu de cela, le vaccin administré à la hâte a entraîné des dommages et des maladies inexpliquées chez plusieurs personnes. La réponse catastrophique au COVID-19 a également anéanti le peu de confiance que les citoyens avaient envers l'État. L'histoire est sur le point de se répéter dans la saga du vaccin, mais cette fois-ci, elle aura des répercussions cataclysmiques.

La technologie biométrique est déjà utilisée pendant les phases d'essai du vaccin. WHOOP, une entreprise de technologie mobile basée à Boston, développe un bracelet intelligent biométrique appelé WHOOP Strap 3.0 en collaboration avec G24 Healthcare.[9] Ce bracelet biométrique sera utilisé par des volontaires dans la phase 3 des essais. Le WHOOP Strap 3.0 collectera les données biométriques des volontaires, comme la fréquence cardiaque, la fréquence respiratoire, les performances de sommeil et bien plus encore. Une autre société, *SuperCom*, aide les États à surveiller les mesures de quarantaine et d'isolement. *SuperCom* a conçu une technologie biométrique de suivi intégrant un bracelet de cheville Bluetooth hypoallergénique, un smartphone et un logiciel SAAS dans le nuage[10].

Ce système enregistre la localisation du patient, qu'il soit dans un bâtiment ou dans un véhicule. Le dispositif est intégré au téléphone intelligent et intègre une communication sécurisée, un mécanisme anti-sabotage, la biométrie des empreintes digitales et la communication vocale. L'objectif est d'utiliser des systèmes biométriques plus pérennes et moins dépendants des équipements d'ici à ce que le vaccin soit déployé.

Pour Martin Armstrong, un spécialiste américain en prévisions économiques, l'État introduira secrètement une carte d'identité nanotechnologique et une puce de traçage, ainsi qu'un cocktail de toxines vaccinales[11]. Le plan consiste à injecter aux citoyens un traceur biométrique, ce qui peut être réalisé de plusieurs manières. Les preuves de la nanotechnologie biométrique sont partout. La *Fondation Bill et Melinda Gates* et le MIT — Massachusetts Institute of Technology —, ont travaillé sur une technologie similaire. Le 23 décembre 2019, le prestigieux magazine *Scientific American* annonçait qu'un tatouage biométrique avait été mis au point grâce aux efforts collectifs du MIT et de la *Fondation Bill et Melinda Gates*[12]. Bill Gates assimile ce tatouage biométrique à un « certificat numérique » pour un individu[13]. Ce tatouage est réalisé à l'aide d'une encre spéciale et de microaiguilles qui ne laissent aucune marque sur la peau. Il s'agit essentiellement d'un tatouage invisible qui suit tous vos mouvements. Votre bras peut être scanné pour révéler votre identité. Vos vaccins, votre dossier médical et peut-être d'autres informations confidentielles peuvent être révélés par une simple numérisation. Cette technologie enterre le droit fondamental à la vie privée.

Ce tatouage biométrique fait partie d'un projet beaucoup plus vaste. En janvier 2020, lors du Forum économique mondial de Davos, en Suisse, le programme ID 2020 a été annoncé[14]. Ce dernier a été à nouveau parrainé par plusieurs organisations qui pèsent des milliards de dollars, et notamment par la *Fondation Bill et Melinda Gates* et la *Fondation Rockefeller*.

Le programme ID 2020 vise à créer un identifiant numérique pour chaque être humain et utilise un prétexte humanitaire pour faire avancer ce projet. La Banque mondiale affirme qu'il y aurait plus d'un milliard de personnes dans le monde sans la moindre pièce d'identité[15], ce qui les prive entre autres du droit de vote et de certains avantages. Mais il est important de noter que le programme ID 2020, tout en prétendant cibler ces personnes privées de leurs droits, cherche plutôt à créer une identité numérique de chaque personne pour d'autres fins. Pourquoi les personnes disposant déjà de documents officiels auraient-elles néanmoins besoin d'une carte d'identité numérique ?

Selon *Off-Grid Healthcare*, l'objectif des identifications biométriques est de créer un format normalisé de collecte et de récupération des données[11], qui sera utilisé pour le partage transfrontalier des identités de l'ensemble de la population de la planète. Un centre de commandement alimenté par l'IA analysera les données collectées par les dispositifs biométriques afin de calculer la contribution potentielle de chacun et d'identifier les menaces pour le système. C'est un outil parfait pour une surveillance absolue de la population. Cela mettra fin au concept de vie privée tel que nous le connaissons ; le moindre de vos souffles sera suivi et recensé. C'est une réalité effrayante. La collusion entre l'État et les entités privées très puissantes rend ce programme possible. Vous pensez peut-être que les gens n'accepteront pas un changement aussi draconien de notre mode de vie. Mais les médias de masse travaillent déjà sur le conditionnement mental des gens. Il est établi que des changements permanents de notre mode de vie sont inévitables. BBC *News* a dévoilé la grande vision de la société comme voulu par les technocrates, à savoir la « nouvelle normalité »[16]. La chaîne a affirmé qu'elle sera une réalité sociale d'ici 2022. En fin de compte, les gens n'auront peut-être même pas le choix en la matière. L'État a l'intention de rendre le vaccin COVID-19 obligatoire pour tous. Ceux qui résistent au vaccin seront mis sur une liste noire et désignés comme des criminels de la santé publique.

Les personnes qui ne se font pas vacciner deviendront essentiellement des parias de la société.

Elles ne pourront pas bénéficier de nombreux services publics et leurs libertés civiles pourraient même être restreintes. Ce système se rapproche dangereusement de l'atroce système chinois de crédit social, en vertu duquel les personnes ayant un faible crédit social ne peuvent pas obtenir de permis de conduire ni postuler à un emploi.

Matt Hancock, secrétaire d'État britannique à la santé et aux soins sociaux, a récemment suggéré d'utiliser une sorte de « certificat d'immunité ou un bracelet »[17]. Cette proposition ressemble étrangement au « certificat numérique » de Bill Gates. L'ancien secrétaire au Brexit, David Davis, a clairement admis que la pandémie exige une atteinte aux libertés individuelles. Le Royaume-Uni ne dispose pas de système de carte d'identité depuis la Seconde Guerre mondiale. Et la COVID-19 est utilisée pour introduire des cartes d'identité biométriques. Cette idée est profondément problématique. Le phénomène de l'identification biométrique ne se limite pas au Royaume-Uni. Un concept similaire a également été introduit au Kenya. L'Inde a rassemblé l'une des plus grandes bases de données biométriques du monde sous la forme de cartes Aadhaar. Ces cartes enregistrent les empreintes digitales et les numérisations de l'iris des personnes, qui peuvent être utilisées ultérieurement pour révéler l'identité complète de l'individu. Les cartes Aadhaar sont reliées à tout, depuis les comptes bancaires jusqu'aux dossiers fiscaux. Ce système met les gens à la merci du gouvernement puisque toutes leurs données confidentielles sont stockées par l'État. La base de données Aadhaar a déjà fait l'objet de multiples attaques informatiques en Inde, ce qui soulève des questions sur la viabilité de tels programmes.

Au nom de l'amélioration, de la politique de santé publique, VST *Enterprises*, une entreprise britannique de cybersécurité, et le gouvernement du Royaume-Uni prévoient de lancer un COVI PASS[18]. Il s'agira d'un passeport de santé numérique biométrique RFID pour les coronavirus. Ce passeport permettra de suivre et d'enregistrer tous les antécédents médicaux d'une personne. Un téléphone mobile pourra être utilisé pour accéder de manière biométrique aux informations stockées par le COVI PASS. La RFID est une technologie d'identification par radiofréquence, qui repose sur des micropuces intégrées dans des étiquettes permettant de localiser le porteur.

La société israélienne *Pangea*, qui propose des services en matière de transformation digitale, est également en train de mettre en place des passeports biométriques d'immunité COVID-19 pour permettre aux pays de rouvrir leurs aéroports[19]. Une puce sera intégrée à la carte et sera connectée à la base de données médicales du pays. Un moteur de recherche pourra accéder aux informations recueillies par les passeports d'immunité et décidera si le titulaire de la carte remplit toutes les conditions d'entrée dans un pays. Si ces types de passeports d'immunité voient le jour, il sera impossible de voyager sans partager son vécu avec le gouvernement.

Le jeu ne s'arrête pas à un vaccin biométrique, il n'en est que le début. Le but ultime est de créer une société avec des capteurs biométriques dans tous les coins et recoins. On prétend que les capteurs d'empreintes digitales ne sont plus sûrs, car le COVID-19 peut se propager par le toucher. C'est ce qui explique l'introduction de plus en plus poussée de la biométrie sans contact. La technologie de reconnaissance faciale a été considérablement améliorée pendant le confinement. Certaines entreprises proposent des logiciels de reconnaissance faciale capables de vérifier l'identité d'une personne portant un masque. La Chine a déjà déployé de manière agressive des mesures de reconnaissance faciale avant même la pandémie. L'utilisation de la reconnaissance faciale est justifiée par le fait qu'elle permettra de réguler rapidement les grandes foules dans des espaces confinés comme les aéroports.

Mais l'utilisation généralisée des dispositifs biométriques et la collecte de données par l'État soulèvent de nombreuses inquiétudes quant au respect de la vie privée. Ces outils sont considérés comme des mesures adoptées par des gouvernements autoritaires pour étouffer la dissidence. Matt Gayford, consultant principal du *Crypsis Group*, a mis en garde : « Face à une pandémie, le public peut accepter sans hésiter les risques liés à la fourniture de données biométriques pour des raisons de santé, mais les individus ne devraient pas être aussi prompts à renoncer à ces données »[20].

L'utilisation abusive de ce type de collecte de données a déjà fait surface en Corée du Sud. Le gouvernement a utilisé la vidéo-

surveillance, le suivi des cartes de crédit et la localisation des téléphones pour collecter des données sur les citoyens sud-coréens.
La mise à jour de ces activités a été partagée par le gouvernement
dans le domaine public. Cela a conduit à un harcèlement en ligne
généralisé des personnes soupçonnées d'être porteuses du virus
de la COVID-19. La BBC a rapporté une enquête menée auprès
de 1000 Sud-Coréens, dans laquelle les chercheurs ont constaté
que les gens avaient davantage peur de la stigmatisation associée
à l'infection par la COVID-19 que du virus en lui-même[21]. Le
Moscow Times rapporte que la Russie utilise la technologie de
reconnaissance faciale pour faire respecter la quarantaine. Une
Chinoise qui s'était rendue en Russie et qui n'avait pas respecté
la quarantaine de deux semaines a été retrouvée grâce à cette
technologie de reconnaissance faciale[20].

Une application appelée « StopCOVID » a été lancée en France,
mais la Fondation Jean-Jaurès a indiqué que 53 % des Français
refuseraient de l'utiliser pour des raisons de protection de la
vie privée[21]. En Pologne également, le gouvernement a lancé une
application biométrique pour téléphone intelligent afin de suivre
les personnes sous le couvert de COVID-19. La technologie de
reconnaissance faciale est également de plus en plus utilisée en
Amérique. Récemment, l'American Civil Liberties Union (ACLU)
a intenté une action en justice contre le Department of Home-
land Security (DHS) concernant l'utilisation de la technologie de
reconnaissance faciale dans les aéroports ; tandis que la Californie a adopté en septembre 2020 un projet de loi visant à interdire
l'utilisation de caméras équipées de la reconnaissance faciale par
les forces de l'ordre[20]. La technologie de reconnaissance faciale
peut être combinée avec d'autres mesures, y compris l'imagerie
thermique améliorée par l'IA, pour mieux suivre les citoyens[22].
Il n'existe pas de directives spécifiques pour l'utilisation de cette

technologie et les données des citoyens sont collectées sans leur consentement explicite.

Les efforts de création d'une identité biométrique ont en fait commencé en 2018, en préparation de la diffusion du virus COVID-19. En juillet 2020, un programme de partenariat public-privé entre GAVI, soutenu par Bill Gates, l'Alliance du vaccin, *Mastercard* et la société d'authentification d'identité IA *Trust Stamp* était prêt à introduire une plateforme d'identité biométrique dans les communautés éloignées à faible revenu d'Afrique de l'Ouest[23]. Le programme a été lancé pour la première fois fin 2018 et il cherchait à créer un «Wellness Pass» (Pass bien-être), une sorte de carnet de vaccination numérique associé à un système d'identité qui est également lié au système « click-to-play » (cliquer pour jouer), de Mastercard, alimenté par sa technologie d'IA et d'apprentissage automatique. Les grandes entreprises ont utilisé les pays du tiers-monde comme terrains d'essai pour un vaccin biométrique ct la mise en place d'iden-tités biométriques[24]. *Trust Stamp* tente d'accroître l'utilisation commerciale de sa technologie biométrique sans contact. Ses projets comprennent l'utilisation de la vérification d'identité sans contact pour les voyagistes et les compagnies d'assurance, la sélection des clients pour les agents immobiliers et le suivi des détenus en liberté conditionnelle sans bracelets de cheville particulièrement onéreux[25]. La pandémie de COVID-19 a fourni une occasion parfaite de mettre à profit cette technologie testée en Afrique de l'Ouest, au niveau mondial.

La Chine et l'OMS affirment que le COVID-19 est une mala-die naturelle et une souche mutée d'un coronavirus préexis-tant. Cependant, il faut tenir compte des rapports inquiétants selon lesquels le COVID-19 serait en fait d'origine humaine. La Chine — le pays d'où serait originaire le virus — exerce déjà un contrôle strict sur ses citoyens. Des informations fiables sortent rarement du pays, il est donc raisonnable de conclure qu'ils n'ont peut-être pas été honnêtes sur l'origine du virus. La Dr Li-Meng Yan, une virologue chinoise qui a réussi à s'échapper de Chine et qui réside actuellement aux États-Unis, est l'un des premiers dénonciateurs chinois à affirmer que le COVID-19 a été créé dans un laboratoire de Wuhan[22].

La Dr Yan a été priée d'enquêter sur le nombre croissant de cas de pneumonie à Wuhan en décembre 2019. Elle pensait qu'un virus hautement muté était en circulation. Il s'est avéré par la suite qu'il s'agissait de la COVID-19. Mais l'État chinois a fait pression sur elle pour qu'elle garde le silence. Malgré tout, elle a pris la décision courageuse de rendre cette information publique et a été contrainte de fuir la Chine. Ses comptes sur les réseaux sociaux ont été suspendus par le gouvernement chinois. L'OMS et la Chine ont collectivement critiqué et discrédité la Dr Yan.

La révélation du Dr Yan sur le COVID-19 est la pièce manquante de l'histoire. Elle révèle le programme profondément ancré de la *Fondation Bill et Melinda Gates*, de l'OMS et de Big Pharma, qui vise à créer un monde fonctionnant avec des identifications biométriques. La chronologie des événements le montre clairement. Les tests de vaccins et d'identifiants biométriques déguisés en « Wellness Pass » étaient en cours en Afrique de l'Ouest depuis 2018. Bill Gates a annoncé le tatouage biométrique en décembre 2019. Ils avaient besoin d'une excuse pour accroître l'utilisation de la biométrie dans le monde entier. Un mystérieux virus d'origine humaine est exactement le moyen d'atteindre cet objectif. La technologie de reconnaissance faciale a été améliorée pendant le confinement et son utilisation a augmenté dans le monde entier, notamment en Chine, en Russie, en Amérique et au Royaume-Uni. Une fois que les humains se seront fait implanter un dispositif biométrique, comme le tatouage biométrique proposé par Bill Gates, l'État contrôlera tous les aspects de la vie quotidienne. On soupçonne également que l'implantation de dispositifs biométriques pourrait n'être que le début d'un programme plus vaste visant à modifier l'ADN et à créer une interface basée sur des machines. Elon Musk a déjà évoqué son projet de créer un Neuralink[26]. Il a récemment dévoilé un cochon nommé Gertrude avec une puce de la taille d'une pièce de monnaie dans son cerveau. Il a expliqué que ce dispositif était comparable à un « Fitbit crânien ». L'ambition de Musk est de créer une cognition surhumaine en utilisant une interface cerveau-machine.

Pour l'instant, les dirigeants mondiaux assurent aux gens que le vaccin sera volontaire. Mais peut-on vraiment leur faire confiance ? Si vous refusez de recevoir le vaccin biométrique, vous serez exclu du programme d'identification biométrique, incapable d'acheter ou de vendre quoi que ce soit, y compris de la nourriture[24]. Cela ne ressemble pas à la définition du volontariat. Aucun politicien ne viendra nous sauver et nous devons compter sur nous-mêmes.

Problème–Réaction–Solution

L A COVID-19 EST LA DERNIÈRE manifestation de la stratégie Problème–Réaction–Solution (PRS), déclare David Icke, ancien présentateur sportif et théoricien professionnel de la conspiration.

La stratégie Problème-Réaction-Solution est un mécanisme utilisé par l'élite dirigeante puissante et sociale pour manipuler et façonner l'opinion publique dans le but d'obtenir l'approbation de la mise en œuvre de contrôles sociétaux. Fondamentalement, avec cette approche, le gouvernement et les autres grandes puissances de la société manipulent la population en introduisant un problème dans la société, en suscitant une réaction du public à ce problème et en proposant ensuite une solution. Ce virus a été lâché sur le monde — un problème fabriqué qui peut susciter une réaction parmi les masses. En réponse à l'appel à l'action du public, l'État présentera la solution sous la forme d'un vaccin. Il s'agit d'un stratagème ingénieux pour nous forcer à recevoir un vaccin qui aura un impact désastreux sur notre liberté et notre vie privée.

La planification de la création du problème de la pandémie remonte aux années 1990, lorsque le CDC et d'autres organisations ont créé plusieurs brevets concernant les tests de coronavirus. David Icke explique que le monde entier est fondamentalement contrôlé par une secte sans états.

Le but ultime de cette secte est de créer une « Hunger Games Society », un monde global dans lequel les plus riches et l'élite, le petit « un pour cent », contrôle le reste de la population[27]. Cette secte est également connue sous le nom d'État profond. Lorsque l'État profond veut le pouvoir que les gens ne lui donnent pas librement, il crée ou exploite un problème en le rejetant sur les autres. Les gens réagissent alors en demandant à l'État une solution et ils sont même prêts à renoncer à leurs droits pour obtenir cette solution.

Le terrorisme en est un exemple classique et maintenant le coronavirus de 2019 suit exactement le même schéma. L'État propose alors la solution qui était déjà prévue bien avant la crise[28]. Le coronavirus de 2019 est un problème créé par le soi-disant « un pour cent ». Ce problème artificiel est utilisé pour instiller la peur parmi les masses. Les gens ont déjà commencé à demander une solution à cette pandémie fabriquée et un vaccin est présenté comme le remède magique. Mais ce vaccin sera utilisé pour exercer un contrôle total sur les gens en les privant de leur liberté et de leur vie privée. L'objectif est de rendre les gens si effrayés et désespérés qu'ils accepteront ce commerce draconien.

La théorie du PRS est également connue sous le nom « d'ordre issu du chaos ». David Icke explique comment le coronavirus est conçu pour nous faire entrer dans l'ère de la technocratie. Actuellement, l'État fasciste utilise tous les outils en son pouvoir pour tenter de faire taire Icke et tous ceux qui osent s'exprimer sur la propagande massive en cours. La chaîne *YouTube* d'Icke a été supprimée[29] et la vidéo de son interview par *London Real* a été interdite à la fois par *Facebook*[30] et *YouTube*.

Le diagnostic du coronavirus est basé sur certains symptômes et toute personne présentant ces symptômes est diagnostiquée avec le coronavirus sans envisager la possibilité d'une autre maladie, dont beaucoup sont également identifiées par les mêmes symptômes. Selon les médecins américains, 80 % des personnes diagnostiquées avec le COVID-19 ont des symptômes très légers6.

Ce virus n'est dangereux que pour les personnes âgées dont le système immunitaire est affaibli ou pour les personnes souffrant de maladies préexistantes qui ont affaibli leur système immunitaire. La solution logique serait de se concentrer sur la protection de ces personnes qui sont vulnérables au virus. Mais le gouvernement a choisi d'enfermer tout le monde, même les personnes qui ne sont pas menacées par le virus. Cela aura des effets catastrophiques sur l'économie et c'est exactement ce qu'ils essaient d'obtenir avec cette pandémie.

L'épidémie de COVID-19 n'est pas un événement aléatoire et soudain comme vous avez été amenés à le croire par les médias grand public. Les preuves montrent que des années et des années de planification ont été nécessaires pour créer le type de scénarios auquel nous sommes confrontés aujourd'hui. En 2010, la Fondation Rockefeller a publié un document intitulé «Scenarios for Future of Technology and International Development». Ce document traite d'un scénario appelé «Lock Step» (l'étape de confinement), dans lequel une pandémie se déclenche en Chine[31]. Le gouvernement chinois utiliserait des mesures autoritaires pour contrôler la pandémie. Le monde occidental n'utiliserait pas de mesures drastiques dès le départ, mais introduirait progressivement des réglementations autoritaires comme la Chine, sous prétexte de contrôler le virus. La mise en place d'un confinement mondial est également abordée dans ce document.

La réalité actuelle est sinistrement similaire aux scénarios décrits dans le document de la Fondation Rockefeller. Par la suite, en 2013, l'ancien gouverneur du Minnesota Jesse Ventura a mis au jour les plans du Centre for Disease Control and Prevention (CDC) visant à utiliser une pandémie biologique pour susciter la peur au sein de la population américaine[32]. Cette pandémie permettrait au gouvernement d'imposer la loi martiale et de faire intervenir l'armée dans les villes. Une enquête plus approfondie menée par Jesse Ventura a révélé l'existence de camps de concentration en Amérique. Ils étaient appelés « centres résidentiels » et étaient conçus pour accueillir des familles.

Le plan consistait à créer la panique en utilisant la pandémie, puis à enfermer les gens dans les soi-disant « centres résidentiels » au nom de la santé publique et du contrôle du virus.

Cette année-là, Jesse Ventura a également découvert un programme très sinistre. Le gouvernement américain avait créé des « centres de fusion » qui existent encore aujourd'hui. Ces « centres de fusion » sont utilisés pour fusionner toutes les données recueillies par diverses agences américaines comme le FBI et la CIA. Ventura a interviewé Mike German, ancien spécialiste du terrorisme au FBI, qui a révélé que ces « centres de fusion » recueillent des données qui ne sont même pas liées à la criminalité[32] ; toute information relative à des « opinions extrêmes » y est également recueillie et stockée. Il n'existe aucune surveillance ni réglementation pour définir ce que sont les « opinions extrêmes ». Ces données sont ensuite utilisées pour appréhender les personnes et les groupes qui organisent des rassemblements pour informer les gens sur ces lieux. Les dissidents politiques sont profilés et font l'objet de dossiers complets. Un grand « centre de fusion » est situé dans le Colorado.

On peut donc convenir que le plan pour créer une crise de type pandémique remonte manifestement à des décennies. Après une longue préparation, le virus COVID-19 a été lâché sur le monde. Le Nouvel Ordre Mondial a utilisé la Chine comme rampe de lancement pour la propagation de ce virus. Les autorités chinoises poursuivent l'agenda de l'État profond en affirmant que le COVID-19 est un virus naturel. Mais ce n'est pas la vérité. Le Dr Li-Meng Yan, la virologiste chinoise mentionnée précédemment, est la dénonciatrice qui a mis à nu les plans de la pandémie. Elle a découvert une souche hautement mutée d'un virus en décembre 2019 alors qu'elle enquêtait sur le nombre croissant de cas de pneumonie à Wuhan. Le gouvernement chinois exerce un contrôle strict sur sa population et les médecins ont été priés de garder confidentielle, les informations relatives à un nouveau virus. Mais la Dr Yan a réussi à fuir la Chine et réside actuellement en Amérique.

Elle affirme que le virus COVID-19 n'est pas naturel et qu'il a été créé dans un laboratoire de virologie à Wuhan. Selon la Dr Yan, il existe des preuves scientifiques qui démontrent que le coronavirus a été créé par l'homme. Le gouvernement chinois possède un brevet sur une expérience utilisée pour modifier le génome d'un virus. Les génomes viraux sont comme des empreintes digitales et ils peuvent être examinés pour reconnaître les parties du virus qui sont naturelles et celles qui ont été modifiées. La Dr Yan a examiné le génome du COVID-19 et a conclu que 10 % du génome avait été modifié[33]. Le coronavirus est comme le monstre de Frankenstein, fabriqué en laboratoire à partir de diverses parties pour le rendre dangereux.

Le virus original, qui provenait des chauves-souris, n'était pas dangereux pour l'homme, mais la modification apportée dans le laboratoire de Wuhan a rendu le virus mortel pour de nombreuses personnes. De nombreux efforts ont été déployés pour faire taire le Dr Yan. Les autorités chinoises ont fait pression sur la famille du Dr Yan pour qu'elle la ramène en Chine. De faux comptes *Twitter* et *Facebook* créés au nom du Dr Yan ont affirmé qu'elle avait été enlevée. Elle a été bannie de *Twitter* alors que les faux comptes sont toujours là. L'OMS et d'autres grandes entreprises unissent leurs forces pour la discréditer. Le parti communiste chinois autoritaire dirige un régime de peur et la Dr Yan craint que l'Occident ne s'oriente également dans cette direction en raison de la fausse propagande. Le gouvernement chinois a utilisé des kits de test dont la précision n'est que de 20 à 30 % et c'est ainsi qu'il a manipulé les données pour tromper le public[33]. La Dr Yan craint que la COVID-19 ne soit pas le seul virus d'origine humaine stocké dans le laboratoire de virologie de Wuhan. Elle a exhorté le grand public à ne pas se laisser tromper par des personnes aux titres ronflants.

David E. Martin, fondateur de l'indice IQ100 et analyste du renseignement national, affirme que le Center for Disease Control and Prevention (CDC) avait en fait breveté le coronavirus en 1999, lorsqu'une souche du virus était apparue en Asie[27].

La création d'un brevet sur des processus et des objets naturels est illégale. Le coronavirus n'aurait donc pu être breveté que s'il avait été fabriqué dans un laboratoire. Le CDC a également breveté les kits utilisés pour la détection du coronavirus. Par conséquent, le CDC avait le motif, les moyens et la manière de convertir un virus biologique en profits. La recherche sur le coronavirus s'est poursuivie en Amérique jusqu'en 2014-2015, puis elle a été confiée à un laboratoire de Wuhan afin d'éviter de blâmer et d'accuser la Chine lorsque la pandémie a éclaté.

Dans la méthode Problème-Réaction-Solution, une crise stratégique est placée sur les systèmes politiques existants afin d'accélérer les changements globaux drastiques[34]. À la lumière de toutes ces preuves, il est clair que le coronavirus est utilisé pour changer notre façon de vivre en détruisant le système économique mondial. La COVID-19 a donné une excuse pour arrêter l'économie et forcer les gens à se mettre en résidence surveillée. Le confinement affectera le plus gravement les petites et moyennes entreprises. Presque toutes les petites entreprises et les entreprises familiales parviennent à survivre avec un revenu quotidien. Ces entreprises ne disposent pas d'un soutien financier solide comme les grandes organisations. Forcer ces petites entreprises à fermer pendant quelques mois dans l'intérêt de la santé publique est le stratagème idéal pour les détruire.

Sans revenu quotidien et sans ressources financières solides, les petites et moyennes entreprises disparaîtront et c'est exactement l'objectif qui se cache derrière cette pandémie. L'État profond, ou le soi-disant « un pour cent », veut créer une société dans laquelle tous les moyens de production sont contrôlés par les grandes entreprises. Le plan consiste à utiliser la peur d'une pandémie pour créer un énorme effondrement de l'économie qui tuera les petites entreprises et ouvrira la voie aux grandes sociétés. Une fois le système économique existant détruit, un nouveau système économique taillé sur mesure pour les besoins des grandes entreprises prendra sa place[35].

Dans la société Hunger Games, le contrôle est assuré par des organisations gigantesques comme Amazon.

Le but ultime est de mettre en place un gouvernement mondial unique et de créer une société sans argent liquide avec une seule monnaie mondiale. En ce moment même, de moins en moins d'entreprises acceptent l'argent liquide par peur du coronavirus. Les gens sont induits en erreur et croient qu'ils vont attraper le virus à cause des germes et des bactéries présentes sur les billets de banque. Une forte pression est exercée pour l'utilisation des cartes et des modes de paiement numériques. À cause de ce virus, des millions de personnes à travers le monde vont perdre leurs moyens de subsistance. Ils n'auront d'autre choix que de dépendre du gouvernement pour survivre. C'est pourquoi des discussions sont en cours pour mettre en place un système de revenu universel garanti. Les personnes désespérées accepteront ce revenu, mais il ne sera accessible qu'à ceux qui se conforment aux règles et règlements du Nouvel Ordre Mondial[35]. Le revenu universel est l'outil parfait pour exercer un contrôle.

Les mesures adoptées par les gouvernements du monde entier pour contrôler le virus sont insensées. Tous les pays se sont confinés, ce qui a eu pour effet d'arrêter le monde entier. Personne n'a été capable de trouver une solution différente. Ce n'est rien d'autre qu'un suicide économique. Les personnes infectées par le virus ne meurent pas vraiment du virus, mais plutôt parce que leur système immunitaire fragile n'est pas en mesure de faire face au virus. Cependant, aucun effort n'est fait pour résoudre ce problème sous-jacent.

Le gouvernement devrait utiliser toutes les ressources pour renforcer le système immunitaire des personnes âgées ou des personnes souffrant de problèmes de santé préexistants. Au lieu de cela, l'accent est mis sur la recherche d'un vaccin, alors qu'il n'est peut-être pas nécessaire de le faire si tout le monde a une immunité élevée.

L'enfermement des personnes dans leurs maisons n'a eu aucun effet. D'après les chiffres du gouvernement, le nombre de cas de coronavirus est toujours en augmentation[36].

Alors quelle est la justification d'un confinement inefficace ? Le gouvernement se concentre uniquement sur la recherche d'un vaccin contre la COVID-19. C'est parce que le vaccin est un autre

moyen d'exercer un contrôle sur le public. Le vaccin est la « solution » donnée par l'État, mais il n'est qu'une façade pour réaliser
son programme de privation des libertés et de la vie privée des
gens. Le vaccin constituera le fondement d'une société biométrique avec des identités numériques, où vos moindres mouvements seront traqués. Les gens seront réduits à des numéros et
à des données.

Par ailleurs, les gens pourraient ne pas avoir la liberté de refuser de recevoir le vaccin. L'OMS, ainsi que plusieurs pays dans
le monde, laissent entendre que le vaccin contre le coronavirus
pourrait être obligatoire pour tous. Le Danemark a déjà adopté
une loi relative au coronavirus qui habilite le gouvernement à
rendre le vaccin COVID-19 obligatoire pour tous[37].

Il s'agit d'un étalage nu de fascisme, où le gouvernement
décide de ce qui entre dans le corps des citoyens. Les individus
qui refusent de se faire vacciner seront méprisés et diabolisés.
Ils deviendront des parias de la société et leurs droits seront res-
treints. Un système semblable à celui du crédit social en Chine
sera mis en place pour s'assurer que tout le monde se fait vacciner. En Chine, des millions de personnes ne sont pas autorisées
à monter à bord d'un avion ou d'un train, ni même à postuler à
un emploi, lorsque leur score de crédit social est inférieur à un
certain niveau[38]. Ces vaccins obligatoires utiliseront la technologie biométrique pour conserver les dossiers médicaux, mais
il s'agira essentiellement d'un dispositif de suivi intégré dans
chaque humain.

L'IA dominera cette nouvelle société. La plupart des emplois
seront occupés par l'IA, ce qui obligera un nombre de plus en
plus important de personnes à se retrouver au bas de l'échelle
de la société des « Hunger Games ». Les menaces et les dissidents
seront identifiés par des centres de commandement contrôlés

par l'IA en analysant les données recueillies par les dispositifs biométriques.

La surveillance sera totale et toute personne en désaccord avec le système sera immédiatement appréhendée[11]. Si ce stratagème du COVID-19 réussit, l'avenir sera sombre. Les grands médias tentent de bloquer l'information et de ne propager que la version de l'OMS sur le COVID-19. Au stade actuel, l'objectif est de créer une panique suffisante pour que les gens acceptent de se faire vacciner. Nous devons rester calmes et repousser cet agenda biométrique pour sauver notre liberté et notre vie privée.

LA BIOMÉTRIE DANS L'HISTOIRE RÉCENTE

L A COVID-19 EST UN OUTIL permettant d'implanter des données biométriques à l'intérieur des humains. La biométrie permet d'identifier les personnes sur la base de leurs propres caractéristiques biologiques ou comportementales, au lieu de leurs associations, de leurs possessions ou de toute autre information secrète[39]. La nécessité d'un système d'identification plus précis a toujours été prônée par l'État pour une raison ou une autre, comme le terrorisme et maintenant COVID-19.

Les scientifiques ont tiré parti de la technologie pour accélérer le processus d'identification et d'authentification humaine. Il a fallu attendre ces dernières décennies pour voir apparaître des systèmes biométriques automatisés, grâce aux progrès considérables réalisés dans le domaine du traitement informatique[40]. Des cartes d'identité imprimées, nous sommes passés à la carte d'identité biométrique, qui vous permet de prouver votre identité sans avoir à transporter de carte ou de document. L'utilisation de la sécurité biométrique est visible partout, notamment dans les aéroports, les lieux publics, les environnements de travail, les

bureaux et même sur votre téléphone intelligent. L'authentification biométrique est devenue monnaie courante.

L'histoire de la biométrie remonte aux années 1800, lorsqu'un
système d'identification des criminels appelé Bertillonage a été
mis au point par Alphonse Bertillon, un anthropologue[41].

Le bertillonnage était une forme d'anthropométrie, un système par lequel des mesures du corps sont prises à des fins de
classification et de comparaison. Mais nous allons nous concentrer sur les développements récents de la biométrie qui menacent
notre liberté et notre vie privée. Sir Edward Henry, inspecteur
général de la police du Bengale, en Inde, a découvert l'utilisation
des empreintes digitales comme méthode d'identification des
criminels en 1896. Très vite, les prisons de l'État de New York
ont commencé à utiliser les empreintes digitales en 1903[40]. En
1969, le FBI a fait pression pour une identification automatisée
des empreintes digitales qui ne nécessitait aucune surveillance
humaine et pouvait produire des résultats rapidement[39]. Au fil des
ans, l'identification par empreintes digitales s'est perfectionnée.
Aujourd'hui, l'identification par empreintes digitales est devenue
si puissante et si facile à obtenir que presque tous les téléphones
intelligents sont équipés d'un capteur d'empreintes digitales. Les
empreintes digitales sont utilisées comme mots de passe pour les
e-mails, les comptes bancaires et autres données sensibles. Des
capteurs d'empreintes digitales nouveaux et améliorés, comme
le MULTICHECK-E, sont développés chaque jour et peuvent être
utilisés pour transformer les téléphones intelligents en dispositifs
biométriques complets[42].

En 1949, un ophtalmologiste britannique, J.H. Doggart, sou-
lignait : « Tout comme chaque être humain a des empreintes
digitales différentes, l'architecture minutieuse de l'iris présente
des variations chez chaque sujet examiné. Ses caractéristiques

représentent une série de facteurs variables dont les permutations et combinaisons concevables sont presque infinies[39] ». Cela a marqué le début de l'identification humaine à l'aide de l'iris. Assez rapidement, dans les années 1960, le premier système semi-automatique de reconnaissance des visages a été mis au point par Woodrow W. Bledsoe, sous contrat avec le gouvernement américain. Il a développé un système utilisant la tablette RAND qui pouvait classer manuellement des photographies de visages.

La reconnaissance faciale s'est progressivement automatisée dans les années 1970 et c'est finalement en 1988 que le premier système de reconnaissance faciale semi-automatique a été déployé. Le tournant s'est produit en 1991, lorsque la reconnaissance faciale en temps réel est devenue possible. Le résultat de cette découverte signifiait que la reconnaissance faciale automatisée fiable en temps réel était possible[40]. Le National Biometric Security Project (NBSP) a été fondé en réponse aux événements du 11 septembre 2001 pour accélérer le développement et le déploiement des technologies biométriques. Après les attentats du 11 septembre 2001, les individus ont eu le sentiment que les libertés civiles avaient été radicalement affectées par cet incident. Les citoyens ordinaires ont dû se soumettre à des contrôles de sécurité approfondis et la surveillance publique au moyen de la biométrie s'est intensifiée. L'Europe a également rejoint la course à la biométrie et la Commission européenne a créé le Forum européen sur la biométrie.

L'utilisation de la biométrie dans la sécurité des États-Unis a augmenté au fil des ans. En 2004, le ministère américain de la Défense a déployé le système d'identification biométrique automatisée (ABIS)[39]. L'objectif principal de l'AIBS est d'assurer la sécurité nationale contre les menaces internes et externes en analysant les données biométriques. Les réglementations

relatives à ces systèmes sont très secrètes et vagues. L'expression
« menace interne » peut même désigner une personne qui n'est pas
d'accord avec les politiques du gouvernement et qui s'y oppose.
Le système ABIS peut effectuer des opérations biométriques
sur les empreintes digitales ainsi que sur les images faciales, les
échantillons de voix, les modèles d'iris et même l'ADN. En 2006,
le gouvernement américain a organisé un événement appelé
« Face Recognition Grand Challenge », dont l'objectif était de promouvoir et de faire progresser la technologie de reconnaissance
faciale afin de soutenir les efforts existants dans ce domaine.

La reconnaissance faciale est désormais utilisée partout. Dans
des pays comme la Chine, la technologie de reconnaissance
faciale est utilisée pour exercer un contrôle sur la population et
identifier les dissidents politiques. À l'heure actuelle, on compte
plus de 626 millions de caméras de reconnaissance faciale en
Chine[43]. En 2013, des efforts ont été entrepris pour que la biométrie fasse partie intégrante des mobiles. Tout le monde est
dépendant des téléphones et transformer les téléphones en dispositifs biométriques s'est avéré être un coup de maître pour
collecter les données publiques. Les grandes entreprises comme
Amazon utilisent essentiellement ces données pour vous traquer
et manipuler vos décisions[44].

Au cours des années 2010, l'apprentissage automatique et
l'IA ont travaillé dur pour rendre les systèmes technologiques, y
compris les systèmes biométriques, plus intelligents. Ces derniers
avaient commencé à utiliser des technologies de pointe d'apprentissage automatique et de big data pour améliorer la sécurité ainsi
que les performances du système. L'analyse du comportement de
l'utilisateur (UBA), une approche basée sur le comportement de
l'utilisateur, utilise le Big Data et des algorithmes avancés pour
évaluer le risque pour l'utilisateur[39].

Plusieurs pays ont commencé à délivrer des cartes d'identité biométriques à leur population et ces cartes utilisent également la biométrique multimodale. Ces cartes d'identité servent d'outil de vérification de l'identité à l'aide de données biométriques telles que les empreintes digitales et l'iris. Le système d'identité biométrique de l'Inde, appelé carte Aadhaar, détenait les données biométriques de plus de 1,2 milliard de personnes en 2018. Ces données biométriques sont notamment les empreintes digitales, les motifs de l'iris et la géométrie faciale des citoyens indiens. Depuis sa mise en œuvre, Aadhaar a été critiqué pour l'absence de mesures appropriées de protection des données et plusieurs incidents de fuite de données[39]. Ces types de bases de données donnent du pouvoir au gouvernement sur les citoyens.

La biométrie, autrefois limitée à quelques applications et à des installations haut de gamme, est désormais partout. Pendant très longtemps, elle a été considérée comme une méthode d'identification criminelle, mais aujourd'hui, les gens n'hésitent pas à présenter leurs empreintes digitales pour déverrouiller leur téléphone. L'utilisation de la biométrie s'est normalisée, car elle fait désormais partie de la vie quotidienne des gens. Avec l'épidémie de coronavirus, l'utilisation de la biométrie s'est intensifiée.

Peu avant que la pandémie de COVID-19 n'éclate, plusieurs progrès révolutionnaires ont été annoncés dans le domaine des systèmes biométriques. Aujourd'hui, au nom de la santé publique, on tente d'utiliser les dernières technologies biométriques pour pister les gens.

Une société appelée WHOOP, en collaboration avec la société *G42 Healthcare* basée à Abu Dhabi, a lancé un système biométrique portable pour les volontaires participant aux essais de phase 3 du vaccin contre le coronavirus[46]. Il s'agit du premier essai de ce type doté d'une technologie portable, qui concernera des milliers de volontaires. Elle les aidera à autosurveiller quotidiennement leur rythme cardiaque et respiratoire, leurs performances de sommeil, leurs niveaux de récupération et à mesurer d'autres données biométriques clés pendant les essais. Les essais ont débuté le 16 juillet 2020 et devraient durer entre six et douze mois[47]. Des dispositifs biométriques de mesure de la température corporelle ont été commercialisés par de nombreuses entreprises telles que NEC XON, *Uniview* et *TempuCheck*. NEC XON a mis en œuvre la plateforme de reconnaissance faciale biométrique NEC NeoFace Watch avec ses solutions de surveillance du lieu de travail, ainsi que des caméras thermiques pour le balayage de la température corporelle.[46]

Les technologies portables permettant d'enregistrer des données médicales sont actuellement utilisées dans le monde entier. On peut citer comme exemple l'État du Rajasthan, dans le nord de l'Inde, où Ruchit Nagar, étudiant en quatrième année à la faculté de la Harvard Medical School, et son équipe ont conçu un collier, semblable à ceux portés localement, qui compresse, crypte et protège par mot de passe les informations médicales[47]. Le collier utilise la même technologie que les puces d'identification par radiofréquence (RFID), telles que celles utilisées dans les vêtements vendus au détail, et permet aux professionnels de la santé d'accéder à l'historique de la grossesse d'une mère, au tableau de croissance et à l'historique des vaccinations de son enfant, ainsi qu'à des suggestions sur les vaccins et autres traitements nécessaires. Ces dispositifs ont réduit les êtres humains à des marchandises. Toutes ces mesures ont été imposées au nom de la sécurité des personnes, des employés et du personnel.

Mais en définitive, ces dispositifs constituent un nouveau moyen de contrôle et de surveillance. Avec le développement du vaccin contre la COVID-19, l'objectif est d'évoluer vers une biométrie sans contact qui ne nécessitera pas de technologie portable pour la collecte des données.

L'installation d'équipements technologiques 5G fait également partie du grand projet biométrique. Le 16 mars 2020, une vidéo a surgi sur *LogicBeforeAuthority* où un lanceur d'alerte, membre d'un conseil scolaire local, donnait des informations concernant l'installation d'équipements 5G[48]. Les districts scolaires avaient l'intention d'installer secrètement des équipements 5G dans les écoles pendant le confinement, sous la direction du ministère de l'Éducation des États-Unis. Les entreprises envoyées pour installer l'équipement 5G ont été invitées à agir comme si elles étaient là pour désinfecter les écoles afin d'enrayer la propagation du virus. Alors qu'*American Mechanical, Inc.* se concentre sur la plomberie et les services mécaniques, *Systems Plus Wisconsin* indique clairement qu'elle installe des systèmes biométriques et ces entreprises ont été chargées de la mise en place de l'infrastructure 5G[49].

La pandémie de COVID-19 et l'installation de systèmes biométriques pourraient faire partie d'un programme encore plus sinistre. On craint de plus en plus qu'une fois la pandémie de COVID-19 passée, nous ayons encore à faire face aux répercussions de la 5G nouvellement installée, des systèmes biométriques, des caméras thermiques ou même des canons à température pour détecter ceux qui pourraient être atteints de la COVID-19. Toutes ces étapes nous rapprochent d'une société de surveillance totale où l'IA vous surveille en permanence. Le point de départ de cette société biométrique serait le vaccin COVID-19.

En décembre 2019, des chercheurs du MIT ont créé une encre qui peut être intégrée en toute sécurité dans la peau, à côté du vaccin lui-même[50]. Cette recherche du MIT a été financée par la *Fondation Bill et Melinda Gates*. On prétend que ce « point quantique » peut être utilisé pour suivre et conserver les dossiers des personnes qui ont été vaccinées et quand.

Le vaccin contre la COVID-19 ne serait qu'un début et le projet prévoit d'utiliser ce tatouage biométrique pour chaque vaccin afin de couvrir l'ensemble de la population de la planète. En même temps que le vaccin, l'enfant se verrait injecter un peu de colorant invisible à l'œil nu, mais facilement visible avec un filtre spécial pour téléphone portable, associé à une application qui envoie une lumière proche de l'infrarouge sur la peau[47].

Le « tatouage » invisible qui accompagne le vaccin est un motif composé de minuscules points quantiques — de minuscules cristaux semi-conducteurs qui réfléchissent la lumière — qui brillent sous la lumière infrarouge. Selon des tests effectués sur de la peau de porc et de rat ainsi que sur de la peau humaine dans un plat, la teinture devrait durer jusqu'à cinq ans[50]. Bientôt, ces points quantiques enregistreront toute sorte d'informations et l'histoire de votre vie pourrait être révélée par un simple balayage de votre bras. La combinaison de ces éléments biométriques intégrés aux humains avec d'autres formes de biométrie sans contact, comme la reconnaissance faciale alimentée par la 5G, créera un monde sans aucune confidentialité. La vaccination obligatoire couvrira chaque personne et nous fera entrer dans une ère d'autoritarisme.

LES PREUVES, PARTIE 1 : LES COBAYES DU TIERS-MONDE

L ES ESSAIS CLINIQUES DES VACCINS COVID-19 sont envisagés dans les pays du tiers-monde. Il s'agit de pays en voie de développement avec une grande population de pauvres, comme l'Inde, sont parfaits pour tester un vaccin expérimental.

Parallèlement, l'expérimentation de la biométrie pour le suivi des personnes au nom de la tenue des dossiers médicaux a déjà commencé en Afrique occidentale. Le secteur des essais cliniques s'est mondialisé, les fabricants de médicaments cherchant des solutions moins onéreuses pour leurs études[51]. Les grandes entreprises pharmaceutiques se servent souvent des habitants de pays pauvres et sous-développés comme cobayes pour expérimenter de nouveaux médicaments et vaccins.

Les pays sous-développés ne sont pas dotés d'un cadre juridique bien défini pour protéger leur population contre les pratiques abusives des grandes entreprises. Ces pays offrent aux sociétés pharmaceutiques la possibilité de tester des médicaments expérimentaux sans craindre de graves répercussions. C'est pourquoi ces essais cliniques ne font pas l'objet d'une surveillance indispensable et produisent parfois des conséquences terribles. En 1997, le groupe de recherche sur la santé de Public Citizen a attiré l'attention internationale sur les essais cliniques contraires à l'éthique. Ces essais visaient à tester de nouvelles méthodes pour empêcher la propagation de l'infection par le VIH des femmes enceintes à leurs bébés avant ou après l'accouchement dans les pays en développement en Afrique, en Asie et dans les Caraïbes[51]. La plupart de ces essais non éthiques ont été financés par le gouvernement américain.

Les essais contraires à l'éthique ne datent pas d'aujourd'hui. Une étude américaine choquante a révélé que, dans les années [40], plusieurs prisonniers et personnes atteintes de maladies mentales avaient été délibérément infectés par la syphilis au Guatemala pour la réalisation d'essais de vaccins[51]. Des essais tout aussi contraires à l'éthique continuent d'être menés. Un de ces essais récents en Inde, rapporté dans The Lancet en juin dernier, évaluait un vaccin expérimental pour prévenir une infection virale très courante et potentiellement mortelle appelée rotavirus. Les essais cliniques en Inde ont été financés par différentes entités privées et gouvernementales, dont la *Fondation Bill et Melinda Gates* et le National Institutes of Health[52]. Ces essais violent les normes éthiques internationales en matière de recherche sur l'homme.

La *Fondation Bill et Melinda Gates* a également financé des essais cliniques sur le vaccin contre le VPH en Inde, où des milliers de jeunes filles tribales ont reçu le vaccin expérimental sans le consentement éclairé de leurs parents ou de leur tuteur. Plusieurs de ces jeunes adolescentes ont souffert de crises d'épilepsie et sont décédées[27]. La *Fondation Bill et Melinda Gates* a nié l'existence de tels essais et les médias occidentaux n'ont jamais relaté cette histoire en détail. Mais le Parlement indien a formé un groupe de travail pour enquêter sur ces tests non éthiques et, à la suite de cette enquête, la *Fondation Bill et Melinda Gates* a été expulsée d'Inde. Annelies den Boer, membre de la fondation néerlandaise à but non lucratif Wemos, qui suit la mondialisation des essais cliniques depuis 2006, explique : « Les habitants de nombreux pays en développement sont souvent pauvres ou analphabètes, ce qui fait d'eux des personnes vulnérables »[51].

La *Fondation Bill et Melinda Gates* a été au cœur d'un autre scandale en Inde, lorsqu'un vaccin oral contre la polio financé par la Fondation a provoqué la paralysie de 496 000 enfants [27].

Désormais, les essais sur les humains du vaccin COVID-19 sont également prévus en Inde. Les essais devaient commencer dès juillet 2020. Le chef du Russian Direct Investment Fund (RDIF), Kirill Dmitriev, a informé que les essais cliniques du vaccin russe Sputnik V se dérouleront en Inde [53]. Les essais de phase 3 du vaccin COVID-19 d'Oxford sont également prévus dans plusieurs centres en Inde [54].

Mais ce petit jeu mortel va désormais bien au-delà des vaccins. Avec l'avènement de cette pandémie, les pays du tiers-monde sont devenus des terrains d'essai pour les vaccins COVID-19 associés à la biométrie pour le suivi et l'enregistrement des données publiques. Le projet de création d'un monde régi par la surveillance biométrique, avec une monnaie mondiale sans argent liquide et un point de contrôle unique, est testé dans les pays sous-développés. En juillet 2020, un programme de partenariat public et privé, soutenu par la *Fondation Bill et Melinda Gates*, entre GAVI, *Mastercard* et la société d'authentification de l'identité par l'IA appelée *Trust Stamp*, était en passe d'introduire une plateforme d'identité biométrique dans les communautés isolées à faible revenu d'Afrique de l'Ouest [23].

Il permettra de relier l'identité numérique biométrique des personnes à leur dossier de vaccination. Ce programme, dont il est dit qu'il « évoluera en même temps que vous », s'inscrirait dans le cadre de la lutte mondiale contre le blanchiment d'argent et pourrait être utilisé à des fins de surveillance et de « police prédictive » sur la base de votre historique de vaccination[55]. Le programme intégrera la plateforme d'identité numérique de *Trust Stamp* dans le « Wellness Pass » — Passe Bien-être — de GAVI-*Mastercard*, un carnet de vaccination numérique ainsi qu'un système d'identité alimenté par NuData, la technologie d'IA et d'apprentissage automatique de Mastercard[23]. Les personnes qui ne souhaitent pas être vaccinées pourront être exclues du système en fonction de leur score de confiance. Dans un premier temps, il est prévu de déployer une nouvelle forme de technologie biométrique à base d'empreintes digitales pour fournir aux enfants, qui n'ont peut-être même pas d'acte de naissance, un dossier médical complet afin de suivre les vaccins infantiles essentiels.

En réalité, ce programme a été lancé il y a deux ans [55]. [56] GAVI a annoncé en juin 2020 que le programme Wellness Pass de Mastercard avait le potentiel d'être adapté en réponse à la pandémie de COVID-19. *Mastercard* a annoncé un mois plus tard que la plateforme d'identité biométrique avancée de *Trust* Stamp sera également intégrée au Wellness Pass. Cette décision a été prise au vu de la capacité de *Trust Stamp* à fournir une identité biométrique dans le monde entier, même dans les endroits dépourvus d'accès à Internet ou de connectivité cellulaire. Le programme d'identité biométrique de *Trust Stamp* ne nécessite même pas la connaissance du nom ou de l'identité légale d'un individu pour être opérationnel [55].

LES PREUVES, PARTIE 2 : LES VACCINS EXPRESS DU MONDE OCCIDENTAL

C ES DERNIÈRES ANNÉES, BIG PHARMA a constamment essayé de faire passer l'idée que les vaccins ne peuvent pas être administrés efficacement s'ils ne sont pas étayés par des données biométriques. En 2017, Seth Berkley, directeur général de GAVI, a écrit que les programmes de vaccination ne sont toujours pas en mesure de couvrir des millions d'enfants dans les pays en développement, et que ces efforts ont besoin de « systèmes d'identification numérique abordables et sécurisés qui peuvent stocker les antécédents médicaux d'un enfant ». Au fur et à mesure que la technologie devient moins chère et plus sophistiquée, le « numérique » a commencé à ne signifier rien d'autre que « biométrique »[57].

La mission consistant à doter chaque personne dans le monde d'une forme d'identification — une forme numérique, inévitablement — a vraiment pris son essor au cours de la dernière décennie. En 2014, la Banque mondiale a lancé l'identification pour le développement, ou l'ID4D, un programme ayant pour but d'améliorer l'accès aux ressources de la banque dans des domaines tels que la santé, l'inclusion financière et la protection sociale. Ces dernières années, de gigantesques projets d'identification numérique ont été planifiés ou déployés par les gouvernements du Brésil, de l'Inde, du Kenya et du Nigeria [57].

Des dizaines de millions de Kenyans ont eu leur visage et leurs empreintes digitales numérisés. En Inde, l'autorité chargée de l'identification, connue sous le nom d'Aadhaar, peut lire les empreintes digitales et l'iris.

La plupart du temps, un smartphone et un petit scanner suffisent pour enregistrer les personnes. Selon ces programmes, le fait de devenir visible pour l'État peut offrir une sorte de protection aux individus.

Comme indiqué précédemment, des chercheurs du MIT, soutenus par la *Fondation Bill et Melinda Gates*, ont créé une encre qui peut être incorporée en toute sécurité dans la peau, à proximité du vaccin lui-même, et qui n'est visible qu'à l'aide d'une application et d'un filtre spécial de l'appareil photo d'un smartphone.

Ce « tatouage » invisible, qui accompagne le vaccin, est un motif composé de minuscules points quantiques (de minuscules cristaux semi-conducteurs qui réfléchissent la lumière) qui brille sous la lumière infrarouge. Le motif et le vaccin sont introduits dans la peau à l'aide de microaiguilles dissolvables de haute technologie, constituées d'un mélange de polymères et de sucre. Le tatouage, testé sur des cadavres humains, a résisté à cinq ans d'exposition solaire simulée [50].

En d'autres termes, ils ont trouvé un moyen détourné d'insérer l'enregistrement d'une vaccination directement dans la peau d'un patient au lieu de l'enregistrer électroniquement ou sur papier — et leur système de suivi à faible risque pourrait considérablement réduire le processus de tenue de dossiers de vaccination précis, en particulier à grande échelle.

« Dans les régions où les carnets de vaccination papier sont souvent perdus ou inexistants, et où les bases de données électroniques sont inconnues, cette technologie pourrait permettre la détection rapide et anonyme de l'historique de vaccination des patients afin de garantir que chaque enfant est vacciné », a déclaré le chercheur Kevin McHugh dans un communiqué.

Depuis l'apparition de la dernière pandémie, les entreprises et les gouvernements ont commencé à envisager plus sérieusement l'idée de « passeports d'immunité », ou de pièces d'identité numériques attestant qu'une personne a été testée et déclarée exempte du coronavirus. En Grande-Bretagne, une startup nommée *Onfido*, qui tente de réorienter sa technologie antifraude vers de tels passeports, a levé 100 millions de dollars de fonds propres en avril.

Scott Reid, directeur général sortant d'I*Respond*, une organisation à but non lucratif spécialisée dans l'identité biométrique et basée à Seattle, qualifie les passeports d'immunité de « terrier de lapin dans lequel nous ne voulons pas nous engager ». Pour le moment, il n'y a pas de consensus sur le fait que contracter le COVID-19 une fois vous immunise ni sur la durée de cette immunité. Il y a de nouvelles souches qui peuvent apparaître ». [57] L'innovation d'I*Respond* en matière de balayage de l'iris a été utilisée dans des contextes médicaux et humanitaires, et Scott Reid dit essayer de trouver des moyens d'accumuler le moins de données biométriques possible qui pourraient être liées à un carnet de vaccination.

Il y a eu trop de cas récents de sociétés et de gouvernements qui ont tenté d'utiliser nos informations personnelles pour nous surveiller et faire des profits. Il n'est pas surprenant que les programmes de biométrie aient rencontré une forte résistance dans plusieurs pays. Au mois de janvier, un tribunal a suspendu le système d'identification du Kenya parce qu'il n'offrait pas de garanties suffisantes en matière de protection des données. Il y a deux ans, en Inde, la Cour suprême a statué que le gouvernement ne pouvait pas forcer les gens à s'inscrire à Aadhaar et que des services simples comme l'ouverture d'un compte bancaire ou l'inscription dans une école ne devaient pas nécessiter cette identification biométrique. De Hong Kong au Royaume-Uni, les défenseurs de la vie privée ont protesté contre l'adoption des technologies de reconnaissance faciale.

Alors que les discussions sur les passeports immunitaires et les systèmes d'identification pour le suivi des vaccins se multiplient, de nombreux experts se sont dits extrêmement sceptiques quant à cette idée. En mars 2020, Bill Gates a tenu une session « Ask Me Anything » (demandez-moi n'importe quoi), sur *Reddit*, où il a prédit que « finalement, nous aurons des certificats numériques pour montrer qui a guéri ou a été testé récemment ou quand nous avons un vaccin, qui l'a reçu » [58].

Comme nous l'avons vu, Bill Gates finance déjà un programme qui créera l'identité numérique de chacun sur la base de son historique de vaccination.

Le *Trust Stamp* est un programme d'identité numérique basé sur la vaccination, financé par Bill Gates et mis en œuvre par *Mastercard* et GAVI, qui connectera bientôt votre identité numérique biométrique à votre carnet de vaccination. Le Wellness Pass est un système d'identité et de carnet de vaccination numériques qui sera également lié au système « click-to-play » — cliquer pour jouer — de *Mastercard*, alimenté par la technologie d'intelligence artificielle et d'apprentissage automatique de *Mastercard*. *Master-Card* s'est engagée à créer un « registre centralisé de vaccination des enfants ». Elle se définit également comme un leader vers un « monde libéré de l'argent liquide »[55].

Le programme d'identification numérique de Bill Gates (ID 2020), actuellement en cours de déploiement dans les pays du tiers-monde, a été maintes fois assimilé par les chrétiens à la marque du diable[59] [60].

Depuis l'apparition du nouveau coronavirus, deux hypothèses réalistes ont été émises quant aux raisons probables pour lesquelles le gouvernement a fabriqué ce virus mortel. Certaines écoles de pensée s'accordent à dire qu'après la déclaration officielle de la pandémie, l'étape suivante pourrait être — également sur recommandation de l'OMS ou de certains pays — une « vaccination forcée » sous surveillance policière et/ou militaire. Ceux qui refusent peuvent être sanctionnés (amendes et/ou prison — et tout de même vaccinés de force)[14]. Ce qui est déjà le cas.

Une autre hypothèse est qu'en même temps que le vaccin — si ce n'est pas celui-ci, peut-être un autre plus tard — une nanopuce pourrait être introduite, à l'insu du vacciné. Cette puce pourrait être chargée à distance de toutes vos données personnelles, y compris vos comptes bancaires et votre monnaie numérique. Avec la monnaie numérique, les « un pour cent » pourraient vraiment tout contrôler, y compris les revenus et les dépenses de chacun. Le gouvernement aurait toujours accès à votre argent et pourrait vous en interdire l'accès, peut-être pour vous punir d'avoir adopté un comportement qu'il n'approuve pas.

Le fait de confier le contrôle de votre argent au gouvernement est le moyen le plus simple de devenir un simple esclave des maîtres. Comparé au système de la monnaie numérique, le féodalisme peut sembler être une promenade de santé. On signale déjà de nouveaux vaccins contre le coronavirus dans des conteneurs munis de puces d'identification par radiofréquence (RFID)[61].

Le Dr Tedros, directeur général de l'OMS, est déjà un ardent défenseur du système de monnaie numérique, déclarant que nous devons passer à la monnaie numérique, car la monnaie physique papier et pièces peut propager des maladies, en particulier des maladies endémiques, comme le coronavirus.

La pandémie de coronavirus est apparemment utilisée pour accélérer la poussée vers Big Brother, et les entreprises technologiques sont impatientes d'avoir l'occasion de contribuer à l'application d'édits de distanciation sociale avec des innovations effrayantes. Outre les vaccins, d'autres dispositifs inquiétants et invasifs sont inventés chaque jour au prétexte d'aider à sauver le monde contre le nouveau coronavirus.

Il a été question de bracelets de type *FitBit* portés par des personnes afin de les suivre et de les obliger à adopter un certain comportement. *AiRISTA Flow*, une entreprise technologique du Maryland, commercialise des bracelets qui émettent un signal sonore dès qu'une personne se rapproche à moins d'un mètre d'une autre personne dans l'entreprise.

La *Redpoint Positioning Corporation* développe quant à elle une technologie similaire pour transformer les employeurs en brigades de contrôle de la quarantaine. Elle a annoncé qu'elle était en train de modifier «une technologie de pointe ... déjà utilisée par des entreprises leaders dans le monde entier dans les domaines de la logistique, de la construction automobile et de l'exploitation minière» pour l'utiliser dans l'application des règles de distanciation sociale. Il est prévu de marquer les personnes et les produits sur leur lieu de travail afin de permettre aux employeurs d'imposer des restrictions draconiennes à la liberté de mouvement.[16]

La société de surveillance israélienne *SuperCom* reconditionne les services utilisés pour les criminels afin d'imposer le confinement à domicile aux personnes ordinaires sur leur lieu de travail. Elle appelle son service « Pure Care » et le décrit comme une « solution de pointe pour la surveillance de la quarantaine et de l'isolement afin de soutenir les efforts des gouvernements pour contenir et limiter la propagation des maladies infectieuses ». Ils affirment qu'il s'agit d'un « système non intrusif et convivial pour le patient qui suit en permanence l'emplacement du patient dans les bâtiments, les véhicules et à l'extérieur [16] ».

Eugénisme fasciste : Stérilité et dépopulation ?

L'« eugénisme » est une pratique ancienne qui n'a pas forcément été abandonnée par beaucoup dans la société d'aujourd'hui. Il y aura toujours ceux qui prônent « l'amélioration » de l'espèce humaine en voulant sélectionner ceux qu'ils jugent dignes de se reproduire. Cette sélection peut être fondée sur n'importe quoi. Au début, l'eugénisme visait à réduire la souffrance humaine en « éliminant » les maladies, les handicaps et tout autre trait jugé défavorable dans la population humaine. Les personnes qui défendaient la pratique de l'eugénisme dans le passé, croyaient principalement que les gens héritaient de problèmes de santé mentale, de tendances criminelles et même de la pauvreté, et que ces « troubles » pouvaient être évincés du patrimoine génétique. C'est pourquoi les premiers partisans de l'eugénisme décourageaient les personnes qu'ils considéraient comme des « sujets inférieurs » de se reproduire et encourageaient plutôt les « sujets supérieurs » à peupler la société.

De nombreux pays ont encouragé l'eugénisme, en particulier l'Amérique dans la première moitié du 20e siècle, tandis qu'Adolf

Hitler, en Allemagne, a porté cette pratique maléfique à un tout autre niveau en tentant de créer une race aryenne supérieure.

Après la Seconde Guerre mondiale, l'eugénisme a perdu beaucoup de sa popularité en raison des effroyables atrocités commises par Hitler et les nazis. On dit qu'Hitler a donné une mauvaise réputation à l'eugénisme. Toutefois, cela ne signifie pas que tous les partisans de l'eugénisme ont disparu de la scène comme par magie. La famille Rockefeller, par exemple, a toujours été un ardent défenseur de l'eugénisme. Avec les progrès de la technologie médicale, une nouvelle forme d'eugénisme est apparue.

Au fil des ans, nous avons assisté à la naissance de l'eugénisme moderne, plus communément appelé génie génétique humain. Ce concept a fait un long chemin sur le plan scientifique. Les scientifiques promettent que l'eugénisme moderne permettra de prévenir les maladies, de les guérir ou d'améliorer notre corps de façon spectaculaire. Les avantages potentiels de la thérapie génique humaine pour la santé sont incroyables à première vue, puisqu'elle promet de guérir de nombreuses maladies dévastatrices ou potentiellement mortelles.

Mais nous ignorons tous les coûts potentiels de l'eugénisme moderne et son éthique. La technologie permet désormais aux parents d'éliminer ce qu'elles considèrent comme des traits indésirables chez leurs enfants à naître. Cela se fait sous la forme de tests génétiques qui permettent aux parents de reconnaître certaines maladies chez leur enfant in utero, ce qui peut les amener à interrompre la grossesse.

Ce processus est très controversé, car la signification exacte des « traits négatifs » est sujette à interprétation, et beaucoup de gens estiment que chacun a le droit de naître indépendamment de la maladie, ou qu'il ne faut pas se mêler des lois de la nature.

Cela prouve qu'il existe encore des individus qui veulent contrôler la taille et la composition de notre population, soit en fonction de caractéristiques physiques, soit en fonction de leur niveau de pauvreté.

À titre d'exemple, les élites capitalistes ont toujours cherché à exploiter la régulation des naissances afin de gérer les tendances démographiques. Le contrôle de la population est une branche moderne de l'eugénisme pour laquelle Bill et Melinda Gates sont célèbres.

Sous couvert de charité et de souci de la santé reproductive des femmes, Bill et Melinda Gates ont ciblé la population féminine africaine pendant des années dans leur tentative de contrôler la population mondiale.

En 2018, lorsqu'un rapport de l'une des fondations philanthropiques de Gates a révélé que la croissance rapide de la population dans certains des pays les plus pauvres d'Afrique pourrait mettre en péril les progrès futurs en matière de réduction de la pauvreté mondiale et d'amélioration de la santé, Gates a admis aux journalistes, cités par Reuters, que la croissance démographique en Afrique est un énorme défi. Il n'est donc pas étonnant que beaucoup ne croient pas que son intérêt réside dans le maintien en vie des populations [62].

En 2014, après les tests financés par la *Fondation Gates* de vaccins expérimentaux contre le VPH mis au point par *GlaxoSmithKline* (GSK) et *Merck*, effectués sur 23 000 jeunes filles issues de lointaines provinces indiennes, environ 1 200 ont souffert de troubles de la fertilité et de maladies auto-immunes, ainsi que d'autres effets secondaires graves, dont la mort.

Après des enquêtes menées par le gouvernement indien, il s'est avéré que les chercheurs financés par Gates et responsables du programme ont commis des violations éthiques généralisées,

notamment en obligeant des villageoises vulnérables à participer à l'essai, en faisant pression sur les parents, en falsifiant
les formulaires de consentement et en ayant recours à d'autres
pratiques douteuses [63].

Aux dires de Melinda Gates, l'autonomisation du genre
féminin et de sa santé reproductive passe par la distribution
généralisée de contraceptifs réversibles à longue durée d'action
(LARC) — principalement des injectables comme le notoire-
ment dangereux *Depo-Provera* (et des implants sous-cutanés
comme *Norplant*). Dans un article de *Newsweek* de 2012, Melinda
Gates a relaté la visite de cliniques éloignées en Afrique subsa-
harienne où, selon elle, les femmes l'ont littéralement suppliée
pour obtenir des injections de *Depo-Provera* — soi-disant leur
seul moyen de cacher l'utilisation de contraceptifs à des « maris
peu compréhensifs ».

Les injectables sont parfaitement adaptés aux pays du tiers-
monde, a-t-elle affirmé ailleurs, car ils permettent aux femmes
de « recevoir une injection dans le dos de [leur] mari »[64][65].

Ces soi-disant fondations caritatives font la promotion des
LARC par rapport aux contraceptifs plus temporaires au nom
de la liberté des femmes de faire des choix responsables ; mais la
véritable raison pour laquelle des gens comme Melinda Gates pré-
fèrent ces méthodes à action prolongée est précisément qu'elles
offrent à ces femmes pauvres le moins de choix possible, à part
la stérilisation proprement dite. Les LARC laissent beaucoup plus
de contrôle entre les mains de Bill et Melinda Gates et moins
entre les mains des femmes, contrairement aux préservatifs, aux
contraceptifs oraux ou aux méthodes traditionnelles. Certaines
de ces méthodes de contrôle des naissances, comme le *Norplant*,
sont connues pour rendre les femmes infertiles pendant une
période pouvant aller jusqu'à cinq ans [64].

Jusqu'à récemment en Inde, ces LARC étaient promus comme une forme douce de stérilisation. Les programmes de stérilisation de masse du pays n'ont été stoppés qu'après le décès de 15 femmes à la suite d'une ligature des trompes bâclée en 2014[66].

Le rapport Kissinger est une politique du gouvernement américain qui a été élaborée dans les années 1970. Ce rapport traite des conséquences de la croissance démographique mondiale en termes de sécurité et d'intérêts étrangers des États-Unis. Il mentionne explicitement que l'objectif de la politique étrangère en Afrique est de réduire la population et que l'Afrique dispose de grandes ressources minérales. L'intention est de réduire la population de l'Afrique, afin que les indigènes n'épuisent pas les ressources naturelles, car les États-Unis ont besoin de ces ressources.

Comme nous l'avons déjà mentionné, en 2009, des milliers de jeunes filles tribales en Inde se sont vues administrer le vaccin contre le VPH, censé prévenir le cancer du col de l'utérus. Ces filles ont été gravement blessées et des décès ont été rapportés. La *Fondation Bill et Melinda Gates*, qui était responsable de ces vaccins, a nié que les décès étaient liés aux vaccins, même si les parents des jeunes filles étaient sûrs que celles-ci allaient bien avant de les recevoir.

D'autres jeunes filles ont signalé l'apparition précoce de leurs règles, des crampes menstruelles terriblement douloureuses, des saignements abondants, des crises d'épilepsie, des maux d'estomac et des sautes d'humeur.

Nombre de ces fabricants de vaccins visitent les nations les plus pauvres en prétendant faire preuve de philanthropie, alors qu'ils ne cherchent que des humains à utiliser comme cobayes pour leurs expériences. Entre 2000 et 2017, 640 000 enfants indiens ont développé une paralysie flasque aiguë non polio

(NPAFP), soit 491 000 enfants de plus que le nombre attendu de NPAFP.

Des pays comme l'Inde ont toujours été un terrain d'essai prisé pour les vaccins américains. Les fabricants de vaccins considèrent comme une situation gagnant-gagnant le fait de pouvoir dépeupler le monde tout en testant leurs vaccins. L'Inde a déjà annoncé que les vaccinations COVID-19 dans le pays devaient commencer en 2020.

Le laps de temps le plus court jamais pris par quiconque pour trouver un vaccin contre une maladie inconnue est de 7 ans. Le délai moyen est de 20 ans. L'idée qu'un vaccin soit prêt un an à un an et demi après l'apparition d'un nouveau virus mortel est tout simplement absurde, mais Gates prétend que ces vaccins sont prêts. N'oubliez pas que des lois protègent la responsabilité des fabricants de vaccins, ce qui signifie que ces derniers n'ont absolument rien à perdre et tout à gagner s'ils réalisent leurs rêves de dépeupler le monde et de faire des profits. Il s'agit d'une stratégie de gestion de la population de la part de quelques individus qui veulent dépeupler le monde [66].

Récemment, au Brésil, une personne qui s'était portée volontaire pour l'expérimentation médicale sur l'homme du vaccin COVID-19 serait décédée au cours des essais cliniques. Des représentants du gouvernement brésilien ont confirmé ce décès aux médias. La société dont le vaccin est testé dans le cadre des expériences médicales — *AstraZeneca* — affirme qu'elle poursuivra ses expériences sur les survivants humains restants, ce qui confirme au monde entier qu'aucun décès ne s'opposera aux profits des vaccins, semble-t-il.

Le rapport indique que « le volontaire est décédé le 15 octobre ». « On ne sait pas si le volontaire a reçu le placebo ou le vaccin [67] ». Si cette personne était décédée dans n'importe quel autre contexte, son décès aurait bien sûr été comptabilisé comme un « décès dû à la COVID-19 », mais comme elle a été tuée par le vaccin COVID-19, les médias grand public affirmeront que la personne a reçu un placebo, et non un vaccin vivant. Comment les médias pourraient-ils savoir cela, étant donné qu'aucune donnée sur les patients n'est autorisée à être publiée ?

L'éthique fondamentale de la recherche implique que « les données relatives aux volontaires de la recherche clinique doivent rester confidentielles, conformément aux principes de confidentialité, de dignité humaine et de protection des participants ». Cela signifie que les médias ont dû mentir lorsqu'ils ont rapporté que le participant à l'essai du vaccin faisait partie du groupe placebo.

Ces scientifiques cupides poursuivraient leurs expériences, sans se soucier du nombre de morts qui en résulterait.

« Nous ne pouvons pas commenter les cas individuels d'un essai en cours du vaccin Oxford, car nous respectons strictement le secret médical et les réglementations relatives aux essais cliniques, mais nous pouvons confirmer que tous les processus d'examen requis ont été suivis », a déclaré *AstraZeneca* dans une déclaration publique.

Autant d'éléments qui illustrent bien les dangereux effets secondaires liés aux vaccins contre le coronavirus. Le 8 septembre 2020, la société avait annoncé que son essai de vaccin avait été suspendu en raison de la maladie d'un patient en Grande-Bretagne. Par ailleurs, la Food and Drug Administration a déjà mis en attente un essai clinique de phase avancée d'*AstraZeneca* aux États-Unis.

Natural News a récemment rapporté comment *Johnson & Johnson* a été contraint d'interrompre un autre essai de vaccin contre le coronavirus après qu'un participant à l'essai ait été victime d'une « maladie inexpliquée ». Comme l'explique cette histoire :

« *Johnson & Johnson* interrompt son essai de vaccin contre le coronavirus (COVID-19) à Wuhan après qu'un participant à l'étude soit tombé malade. Cet arrêt intervient quelques semaines seulement après que l'entreprise ait annoncé qu'elle en était à la phase finale des essais. »

Dans son communiqué, *Johnson & Johnson* a déclaré que l'essai a été interrompu conformément aux normes réglementaires après que le participant non identifié ait développé une « maladie inexpliquée ».

Parallèlement, neuf personnes sont mortes en Corée du Sud après avoir été vaccinées contre la grippe, ce qui a provoqué une panique nationale au sujet des « vaccins de la mort » qui tuent tant de gens si rapidement. Cette situation a évidemment suscité des inquiétudes quant à la sécurité du vaccin, au moment même où le programme d'inoculation saisonnière est étendu pour éviter les complications potentielles de la COVID-19.

Sans surprise, les autorités sanitaires ont nié ces faits, insistant sur le fait que les vaccins n'ont tué personne, puisque les personnes décédées présentaient des « problèmes de santé sous-jacents », ce qui correspond exactement à ce que les critiques avaient prédit à propos des décès dus aux vaccins lorsque le nombre de cadavres a commencé à augmenter. Il convient de noter que, lorsque des personnes présentant des problèmes de santé sous-jacents meurent d'une infection au coronavirus, on dit qu'elles sont mortes de la COVID-19. Mais lorsqu'elles présentent des problèmes de santé sous-jacents et sont retrouvées mortes après avoir reçu une injection de vaccin, les autorités sanitaires affirment que le vaccin n'est pas lié à leur décès.[68]

L'acte criminel devient manifeste. Si des êtres humains meurent dans le cadre d'un essai vaccinal soigneusement contrôlé et administré uniquement à des individus en bonne santé, combien de décès pourraient s'accumuler lorsque ces vaccins fabriqués à la hâte seront administrés à l'ensemble de la population mondiale, dont une grande partie est en mauvaise santé grâce aux aliments génétiquement modifiés et à un environnement contaminé par les radiations 5G ?

Il s'agit clairement du moyen le plus rapide pour les mondialistes d'exterminer les personnes qui ne réalisent pas que le programme COVID-19 est en fait un programme d'extermination visant la race humaine. Heureusement, ceux qui sont assez intelligents pour vouloir survivre devraient se tenir à l'écart de tous les vaccins et de toutes les expériences médicales de l'industrie du vaccin menées sur des humains [68].

L'ADN : La reconfiguration de l'humanité à l'image de l'intelligence artificielle

P OUR SÛR, LES TENSIONS ENTRE la vie privée et les technologies biométriques ont commencé bien avant la pandémie de COVID-19. Les inquiétudes concernant l'utilisation par le gouvernement de formes de surveillance biométrique, notamment la reconnaissance faciale, ont fait surface lorsque la technologie a proliféré dans les aéroports, aux points de contrôle frontaliers et avec les caméras corporelles de la police.

Cette même technologie suscite aujourd'hui des inquiétudes similaires alors que d'autres pays — comme la Chine — utilisent la reconnaissance faciale pour faire respecter les ordres de quarantaine et pour détecter la température corporelle des piétons dans les foules. En effet, les progrès des technologies biométriques permettent désormais de reconnaître les individus même s'ils portent des masques, et les systèmes d'identification biométrique peuvent offrir une preuve « irréfutable » de la présence d'anticorps en reliant les sujets aux résultats, ce qui pourrait permettre une approche plus ciblée des vaccins, une fois ceux-ci disponibles.

Cela pourrait s'avérer être d'une utilité considérable pour les entreprises américaines. Alors que tout le monde était enfermé à l'intérieur par peur de la pandémie, des rapports ont fait état de l'installation en cours de tours 5G[69].

Nous craignons que la 5G soit installée à notre insu alors que nous sommes aux prises avec les retombées de la pandémie de COVID-19, et que l'installation de systèmes biométriques fasse partie d'un programme plus sinistre.

En effet, nous craignons qu'une fois la pandémie de COVID-19 passée, nous soyons encore confrontés aux répercussions de la 5G, des systèmes biométriques, des caméras thermiques ou même des pistolets thermiques nouvellement installés pour détecter les personnes qui PEUVENT être porteuses de la COVID-19.

Plus inquiétante encore est l'idée de vaccinations obligatoires par le gouvernement ; et, par exemple, que seules les personnes pouvant prouver qu'elles ont reçu le vaccin COVID-19 (une fois qu'il sera développé) seront autorisées à retourner au travail, à l'école, dans les parcs publics, dans les transports publics, etc.

C'est encore plus inquiétant quand on sait que Bill Gates — un partisan de longue date des vaccinations et du contrôle de la population — a récemment déclaré :

« Un jour, nous aurons des certificats numériques pour montrer qui a guéri ou a été testé récemment ou, lorsque nous recevrons un vaccin, qui l'a reçu. »

Qu'est-ce que Gates entend par « certificat numérique » ? Pourrait-il être lié au Global ID2020 ou à un « tatouage » qui indique aux autorités médicales si vous avez été vacciné, par exemple ?

LE TOTALITARISME PAR LA TECHNOLOGIE

D AVID ICKE, S'EXPRIMANT PLUS EN détail sur la vérité qui se cache derrière la pandémie du COVID-19 et le crash économique qui en résulte, explique que dans beaucoup de pays, il existe une secte au sein du gouvernement. Cette secte essaie de créer un système mondial plus qu'orwellien dans lequel un très petit nombre de personnes extrêmement riches dictent leur conduite à tous les autres. Il appelle cela une « Hunger Games Society ». Imaginez cette société sous la forme d'une pyramide, où le parti qui la contrôle se trouve au sommet de la pyramide. Cette partie contrôlante est également connue sous le nom de « un pour cent[35] ».

Le reste du monde se trouve au bas de la pyramide et obéit aux « un pour cent ». Entre les deux parties se trouve un État militaire policier, vicieux et sans pitié, chargé de faire respecter la volonté du « un pour cent » sur le peuple et de l'empêcher de se révolter. Cette société « Hunger Games » n'est pas un système classique de fascisme ou de communisme, c'est une technocratie.

Une technocratie est une société contrôlée par des bureau-crates, des scientifiques, des ingénieurs et des experts. Ce type de société ne peut exister que grâce aux technologies intelligentes et à l'IA. L'idée est que tout, même le cerveau humain, serait connecté par l'IA. Cela signifie que quiconque contrôle l'IA sera en mesure de contrôler la perception de la réalité de chacun. Ce contrôle serait effectué à partir d'un point central, une grille de points globale.

En ce moment, la secte travaille dur pour assurer la création de cette société en utilisant deux techniques majeures. La première technique est la technique Problème-Réaction-Solution dont nous avons parlé précédemment. La deuxième technique est ce qu'Icke appelle le « totalitarian tiptoe » (pointe des pieds totalitaire). La pointe des pieds totalitaire peut être décrite comme une situation où le gouvernement commence au point A et sait pertinemment qu'il se dirigera vers le point Z. Il sait également que s'il fait un saut trop important vers le point Z, le public va commencer à poser des questions. Il fait donc les plus grands pas possibles vers son objectif, mais ne fait jamais un pas de géant au point d'inquiéter le public, en faisant croire à tout le monde que toutes les occurrences étranges sont complètement aléatoires et non des étapes calculées vers le principal objectif.

Cependant, comme le dit l'expression, « si vous connaissez le résultat alors vous verrez le chemin à suivre », et il en va de même pour ce scénario. Si vous ne connaissez pas le résultat escompté par le gouvernement, tous les événements récents vous sembleront complètement aléatoires, comme la pandémie et les crises économiques qui en découlent. Pendant des années, des aliments génétiquement modifiés malsains ont été injectés dans le système, les gens ont respiré un air extrêmement pollué et des ondes électromagnétiques dangereuses installées par des entreprises technologiques non contrôlées nous ont entourés. Tous ces facteurs ont affaibli le système immunitaire de la population, en particulier celui des personnes âgées. Depuis le début de la pandémie, on nous a demandé de porter des masques et de rester à l'intérieur, mais rien n'a été fait pour renforcer le système immunitaire des personnes âgées et informer, engager une protection ciblée ou nettoyer l'environnement.

Cela montre que l'objectif des personnes au pouvoir n'est pas de préserver le monde du virus, mais de démanteler le système économique mondial.

Il a été prouvé de manière indiscutable que le risque de mourir du virus de la COVID-19 est extrêmement faible pour les jeunes sans problèmes de santé sous-jacents, alors pourquoi demande-t-on encore aux jeunes propriétaires d'entreprises en bonne santé de fermer leur entreprise et de rester enfermés chez eux ? La « Hunger Games Society » est conçue pour ne pas avoir de petites ou moyennes entreprises ; ce sont ces entreprises qui ont été ciblées par la fausse pandémie. Lorsque les entreprises ferment, leurs propriétaires rejoignent les pauvres au bas de la pyramide.

La secte n'aurait pas pu y parvenir par la force physique, elle cherche donc à contrôler le reste de la population en contrôlant l'information. Ils diffusent continuellement des informations qui menacent leur emploi, leur survie, leurs proches, etc. De cette façon, les mécanismes de survie — où les gens adoptent des comportements absurdes pour survivre — entrent en jeu. Par exemple, se battre pour du papier toilette à l'épicerie, même si cela n'a pas beaucoup de sens d'être si préoccupé par le papier toilette au début d'une pandémie. Icke insiste sur le fait qu'un cerveau en mode survie accepterait n'importe quoi, peu importe le caractère draconien, tant qu'il perçoit ce « n'importe quoi » comme une aide à sa survie.

La pandémie déclenchant votre mécanisme de survie, cela signifie que non seulement vous accepterez que les autorités imposent la tyrannie pour vous protéger, mais de surcroît vous exigerez que les autorités imposent la tyrannie aux autres qui refusent de coopérer. C'est ainsi que les gouvernements ont réussi à rendre les vaccins contre la COVID-19 obligatoires, alors même que ces vaccins n'ont pas été entièrement testés et que leurs effets ne sont pas totalement connus. Pire encore, grâce à la loi sur les vaccins, les fabricants de vaccins sont protégés par le gouvernement contre toute responsabilité en cas de dommages ou de décès causés par les vaccins. Cela signifie que les humains sont essentiellement utilisés comme des rats de laboratoire pour le profit. Vous pouvez penser que le gouvernement agit ainsi pour le bien de tous, mais si c'était le cas, il y aurait des mesures pour protéger les personnes âgées et renforcer leur immunité pendant que les jeunes et les forts reprennent une vie normale.

Mais toutes les politiques actuelles ne visent qu'à faire avancer l'agenda du gouvernement qui veut créer un monde totalitaire.

La COVID-19 est le parfait cheval de Troie d'un État maniaque du contrôle qui a envie non seulement de microgérer la vie des citoyens ordinaires, mais aussi de débusquer les critiques et les adversaires potentiels et de les punir en tant qu'ennemis de l'État. Ce dernier objectif est le premier. L'histoire regorge d'exemples — de Staline et Mao à Hitler et Mussolini, en passant par des autocrates et des dictateurs de moindre importance[11]. « Ce qu'ils veulent vraiment, c'est un format de collecte et d'extraction de données entièrement normalisé, et le partage transfrontalier des identités de l'ensemble de la population de la planète, afin que le centre de commande autonome alimenté par l'IA puisse fonctionner sans problème, et dans le but de calculer la contribution potentielle de chacun, et la menace pour le système[70]. »

Si vous pensez que cela se rapproche dangereusement du système chinois de « crédit social », vous n'êtes pas loin de la vérité.

L'introduction de cette technologie totalitaire sous le couvert d'une supposée pandémie, qui fait l'objet de nombreuses spéculations et d'une pénurie de chiffres concrets, est une couverture presque parfaite pour la «technologie d'identification des patients», qui permet de produire des données sur les individus, partagées avec l'État et ses partenaires commerciaux.

Un vaccin soi-disant conçu pour combattre la COVID-19 deviendra obligatoire et ceux qui y résisteront seront mis sur une liste noire de criminels de la santé publique. Ils seront exclus de la société, à l'instar des citoyens chinois qui souffrent du système totalitaire de crédit social en Chine.

Actuellement, la Chine utilise un système d'IA pour suivre tous ses citoyens et leurs comportements quotidiens. Elle a ensuite recours à un système de crédit social pour récompenser les bons comportements et punir les mauvais.

Inutile de dire que les bons et les mauvais comportements sont dictés par l'État. De nombreux citoyens qui se sont comportés d'une manière jugée inacceptable par l'État ont été interdits de vol ou de participation à des formations, etc. La Chine pratique actuellement la technocratie, et comme tout ce qu'elle a fait depuis la pandémie, le reste du monde va suivre.

Actuellement, *LifeQ*, un fabricant de dispositifs portables contenant des informations sur la santé et des données biométriques, doit fournir son dispositif d'alerte précoce et de suivi des maladies COVID-19 à l'Afrique du Sud. L'entreprise affirme avoir conçu ce dispositif «pour aider les entreprises à reprendre leurs activités en toute sécurité au milieu d'une pandémie mondiale, en leur permettant de prévoir les épidémies et d'aider les employés à se rétablir».

Le détecteur d'anomalies personnalisé de *LifeQ* analyse une série de flux physiologiques continus pour repérer le début de

maladies comme la COVID-19 avant même l'apparition des symptômes. Il surveille également la progression de la maladie afin de
faciliter le triage en vue d'une intervention médicale [71].

LE TRANSHUMANISME : LE MAL ABSOLU

EN OBSERVANT LA GOUVERNANCE MONDIALE depuis des années, on remarque qu'il y a un gouvernement permanent (la secte) et un gouvernement temporel qui est le dirigeant actuel que vous voyez dans chaque pays, ici aujourd'hui, parti, demain (Donald Trump, Barack Obama, Boris Johnson, Jinping Xi).

Les gouvernements temporels ne sont généralement que des outils utilisés pour faire avancer l'agenda de la secte. Même lorsque les figures de proue temporaires ont un point de vue différent de celui de la secte, ils sont manipulés pour obéir à la secte en se faisant constamment demander comment ils veulent qu'on se souvienne d'eux à l'avenir. C'est le scénario qui s'est déroulé avec toute la gestion de la pandémie et maintenant avec les vaccins précipités[35].

Carrie Madej, médecin ostéopathe en médecine interne en Géorgie, discute des implications des vaccins précipités dans une vidéo alarmante qui examine les tentatives récentes des scientifiques d'explorer le transhumanisme. Le mouvement transhumaniste cherche à libérer la race humaine de ses contraintes biologiques, en fusionnant l'intelligence humaine avec l'IA et en dotant l'humanité de superpouvoirs[72].

Quiconque a déjà vu un film de science-fiction a dû s'imaginer ce que cela donnerait si la technologie en arrivait là dans le monde réel. Eh bien, la technologie en est effectivement arrivée là. Le vaccin COVID-19 proposé ne ressemble à rien de ce que le monde a connu jusqu'à présent et contient des caractéristiques qui peuvent changer ce que nous sommes très rapidement, déclare le Dr Madej.

Les célèbres scientifiques Elon Musk et Ray Kurzweil sont des transhumanistes autoproclamés qui pensent que les humains devraient passer de l'Homme 1.0 à l'Homme 2.0. Il y a d'énormes partisans de cette croyance parmi d'autres scientifiques[73].

L'un des principaux candidats au vaccin COVID-19 est *Moderna*, fondé par Derek Rossi, un scientifique de Harvard. Derek Rossi a prélevé de l'ARN dans le corps, l'a modifié et, grâce à lui, a pu reprogrammer une cellule souche dans le corps, en changeant sa fonction de manière à l'améliorer génétiquement. Il a prouvé que l'on pouvait modifier génétiquement n'importe qui en utilisant de l'ARN modifié[72].

Moderna a été fondée sur la base de cette nouvelle technologie, qui n'avait jamais été utilisée auparavant dans aucun médicament ou vaccin pour l'homme. La société elle-même n'avait aucune expérience préalable de la recherche et de la fabrication de vaccins. Le virus COVID-19 était l'excuse parfaite pour que *Moderna* l'essaie pour la première fois. Le vaccin expérimental est passé des phases 1 à 3 au cours de la période allant de mars 2020 à aujourd'hui. Ce rythme est terriblement rapide, car le développement normal d'un vaccin prend environ cinq ans pour arriver à ce stade.

Moderna, comme d'autres fabricants de vaccins, accélère ses recherches. Comment peuvent-ils travailler aussi vite tout en assumant la responsabilité de toutes les précautions de sécurité requises ? Dans l'étude test *Moderna* COVID-19, seuls [45] humains ont été testés. Avec le groupe test du vaccin à forte dose, 100 % des participants ont ressenti des effets secondaires systématiques. Avec le groupe à faible dose, 80 % ont eu des effets secondaires systématiques. Inutile de dire que ces chiffres sont terribles et annoncent un désastre pour la race humaine.

De plus, les effets secondaires à long terme du vaccin sont encore inconnus et ne seront pas connus avant des années, mais d'après des études similaires antérieures, on peut s'attendre à une augmentation des taux de cancer, des réactions auto-immunes et d'autres réactions similaires. Dans les études sur les furets, on a remarqué que lorsque le virus était introduit dans ces animaux, après le vaccin, ils présentaient une réponse immunitaire exagérée, une inflammation pulmonaire, du liquide pulmonaire et des problèmes de foie.

Avec ces vaccins, il existe une idée appelée plateforme de microaiguilles développée par des scientifiques du MIT. Cette idée permet de produire facilement des vaccins en masse qui pourraient être autoadministrés. Les vaccins ressemblent à un pansement qui peut être acheté dans n'importe quelle pharmacie, ou sur Internet. Il suffit de le coller sur le bras et de l'enlever comme un pansement pour être vacciné.

Comment cela est-il possible ? Le pansement est doté de petites aiguilles minuscules (des « micro-aiguilles ») conçues comme des crochets de vipère, de sorte qu'elles provoquent de petites morsures de serpent. À l'intérieur de ces aiguilles, vous trouverez un hydrogel ; cet hydrogel contiendra des enzymes luciférases ainsi que le vaccin lui-même.

C'est pourquoi, lorsque vous vous injecterez ce vaccin, vous recevrez également de l'ARN modifié. L'idée derrière cet ARN modifié est que les microaiguilles perforent votre membrane cellulaire et stimulent votre organisme à produire davantage de virus. L'idée est que votre corps s'habitue au virus pour qu'à l'avenir, il sache comment fabriquer des anticorps qui répondent mieux au virus.

Le problème avec cette idée est que son principe repose sur un processus appelé transfection. La transfection est le même processus que celui utilisé pour fabriquer des organismes génétiquement modifiés, et peut entraîner des morphologies et des anomalies inattendues dans les cellules cibles.

Par exemple, les fruits et légumes génétiquement modifiés que vous trouvez au marché ont été créés par transfection et ne sont généralement pas aussi sains que les fruits et légumes normaux. Si les humains deviennent génétiquement modifiés, comment savoir s'il n'en sera pas de même ?

Les fabricants de vaccins ne cessent d'assurer au public que les humains génétiquement modifiés ne seraient pas plus faibles que les humains normaux ; cependant, quelle est la preuve que cela est vrai ? Par définition, la transfection peut être permanente ou temporaire. Les fabricants de vaccins espèrent que le vaccin ne provoque qu'un changement temporaire, mais que se passe-t-il lorsqu'il provoque un changement permanent ?

Que le changement soit permanent ou temporaire, nous n'en serons peut-être jamais totalement sûrs avant plusieurs années. Il est possible que ce vaccin modifie le génome humain. Si ces vaccins synthétiques brevetés modifient notre génome, devenons-nous en quelque sorte la propriété des personnes dont les brevets vivent en nous et contrôlent notre comportement ? Ce sont des questions à se poser avant de recevoir de tels vaccins, dit le Dr Madej.

L'enzyme luciférase contenue dans le vaccin a pour mission de garder la trace des personnes vaccinées et de leur carnet de vaccination. Une application sur votre téléphone, utilisée pour scanner la zone où vous avez été vacciné, affichera votre carnet de vaccination et un numéro d'identification. Vous ne serez pas différent des autres produits.

L'hydrogel contenu dans le vaccin est une invention de la Defense Advanced Research Projects Agency (DARPA). Il s'agit d'une nanotechnologie composée de petits robots microscopiques. C'est une IA et elle a la capacité de se connecter avec d'autres IA. Cela priverait une personne de sa liberté et de son autonomie, car n'importe qui serait en mesure de recueillir des données sur elle à tout moment, y compris des informations telles que sa vitesse de déplacement, son cycle menstruel et sa prise de médicaments.

Les humains peuvent envoyer et recevoir des informations avec leur corps si cette technologie est en eux. Comment sommes-nous protégés contre l'utilisation abusive de ces informations ? Plus important encore, à quel moment passons-nous du statut d'humain à celui de surhomme ?

Il est important de savoir que plus d'une centaine de vaccins COVID-19 sont encore en cours de développement et qu'il faudrait des années pour les achever, il faut donc se méfier de ces vaccins qui sont devenus magiquement prêts en un clin d'œil. Ceux qui sont accompagnés d'un tatouage biométrique sont là pour accomplir le plan consistant à introduire de force dans votre corps des choses qui vous débiliteront lentement à l'aide de systèmes d'armes binaires et vous tueront.[9] Si vous observez attentivement tous les développements rapportés dans les médias grand public depuis le début de cette pandémie, il est évident que le virus COVID-19 a été créé pour inaugurer un monde de nouvelles technologies, y compris les robots, la biométrie et l'IA, au détriment de la race humaine[74].

En 1986, le président Ronald Reagan a signé le National Childhood Vaccine Injury Act, qui accorde une immunité totale aux fabricants de vaccins. Tout a été initié après une décennie de poursuites judiciaires liées aux blessures et aux décès causés par les vaccins, et les fabricants de vaccins étaient en faillite. Afin d'amadouer les législateurs, les fabricants de vaccins ont menacé d'arrêter la production de vaccins jusqu'à ce qu'ils puissent être légalement protégés de toute responsabilité. Ainsi, à ce jour, si quelqu'un est blessé ou meurt à cause d'un vaccin, ce sont les contribuables américains qui paient la compensation.

CONCLUSION

U NE ENQUÊTE RÉALISÉE EN AVRIL 2020 aux États-Unis
a révélé que près d'un tiers des Américains ont déclaré
qu'ils refuseraient le vaccin COVID — 19 s'il était disponible[5]. Ces personnes ont compris que dans le monde technologique d'aujourd'hui, un vaccin biométrique signifierait l'abandon
de vos droits humains fondamentaux à la liberté de mouvement,
au droit à la vie privée et aux droits émergents en matière de données, car ces vaccins sont conçus pour être hautement invasifs,
afin d'atteindre leur seul objectif — l'établissement du Nouvel
Ordre Mondial.

Ces méthodes invasives incluent notamment des applications
de suivi, la technologie de reconnaissance faciale, le traçage des
transactions par carte de crédit, l'utilisation des informations
des téléphones portables, des séquences vidéo et la publication
d'informations détaillées sur les malades. Inutile de dire que
cela créerait un monde épouvantable où vivre. D'une part, nous
vivons à l'ère de l'insécurité des données, où les entreprises et
même les gouvernements cherchent constamment à utiliser la
moindre parcelle de nos informations personnelles à laquelle ils
ont accès pour nous monétiser et nous surveiller. Le gouverne-

ment mondial a désespérément besoin de ces données pour le sinistre programme dont il est question dans ce livre. Pour cette raison, un plus grand nombre de personnes doivent être prêtes à dire non au vaccin biométrique COVID-19. Avant de renoncer à vos droits humains fondamentaux en échange d'un vaccin COVID-19, vous devez vous rappeler ce qui suit.

Tout d'abord, l'OMS a déclaré qu'environ 80 % des personnes atteintes du COVID-19 présentent peu ou pas de symptômes. Cela signifie que vous pouvez avoir contracté le virus sans même vous en rendre compte, surtout si vous êtes jeune et que vous n'avez pas de problèmes de santé sous-jacents. Deuxièmement, le taux de mortalité dû au virus est très exagéré. Le CDC a demandé aux agents de santé de mentionner la COVID-19 comme cause de décès, même si ce n'est pas la principale ou la seule cause de décès d'une personne. Le nombre de cas positifs est également très exagéré, en raison de kits de test peu fiables et fabriqués à la hâte. Rappelons qu'en Tanzanie, une chèvre, de l'huile de moteur et un fruit ont été testés positifs au COVID-19 en pleine période de pandémie[75].

Le virus COVID-19 s'est avéré être la crise parfaite pour justifier et imposer toute sorte de programmes. Les gouvernements du monde entier ont profité de cette situation pour mettre en œuvre des projets incluant, sans s'y limiter, le totalitarisme par la technologie, le transhumanisme et même l'eugénisme. Cet agenda maléfique ne pourra être contrecarré que si davantage de personnes disent « non » au vaccin biométrique COVID-19.

Références

1. Sørensen, B., Susrud, A., & Dalgleish, A. (2020). Biovacc-19 : A Candidate Vaccine for COVID-19 (SARS-CoV-2) Developed

from Analysis of its General Method of Action for Infectivity. QRB *Discovery*, 1, E6. doi:10.1017/qrd.2020.8

2. Coutard, B., Valle, C., de Lamballerie, X., Canard, B., Seidah, N.G., Decroly, E. (2020) The spike glycoprotein of the new coronavirus 2019-nCoV contains a furin like cleavage site absent in CoV of the same clade. *Antiviral Research*, 176 (104742), ISSN 0166-3542. *https://doi.org/10.1016/j.antiviral.2020.104742*

3. Zhan, S.H., Deverman, B.E., Chan, Y.A., (2020) SARS-CoV-2 is well adapted for humans. What does this mean for reemergence? *bioRxiv*, 2020.05.01.073262. *https://doi.org/10.1101/2020.05.01.073262*

4. Technology threatens human rights in the coronavirus fight. (7 mai 2020). Extrait de *https://theconversation.com/technology-threatens-human-rights-in-the-coronavirus-fight-136159*

5. Biometric Tracking Can Ensure Billions Have Immunity Against COVID-19. (13 août 2020). Extrait de *https://www.bloomberg.com/features/2020-covid-vaccine-tracking-biometric/*

6. Breggin, P.R. & Breggin, G.R. (2020) Dr. Fauci's COVID-19 Treachery with Chilling Ties to the Chinese Military. Extrait de *https://vaccineliberationarmy.com/wp-content/uploads/2020/10/COVID-19-the-blog-TREACHERY-WITH-ANTHONY-FAUCI.pdf*

7. Dr. Breggin's Resume and Bibliography. Extrait de *https://breggin.com/*

8. Health Checkpoints, Biometric IDs, Vaccine Ink Injections: Media Reveals Orwellian 'New Normal' on the Horizon Due to COVID-19. (30 juillet 2020). Extrait de *https://bigleaguepolitics.com/health-checkpoints-biometric-ids-vaccine-ink-injections-media-reveals-orwellian-new-normal-on-the-horizon-due-to-covid-19/*

9. Why Americans Fear the COVID-19 Vaccine. (19 août 2020). Extrait de *https://healthylife-pro.blogspot.com/2020/08/why-americans-fear-covid-19-vaccine.html*

10. COVID-19 Vaccine Trial Gets Support from Biometric Wristband. (17 août 2020). Extrait de *https://mobileidworld.com/covid-19-vaccine-trial-support-biometric-wristband-081705/*

11. COVID-19 : Perfect Cover for Mandatory Biometric ID. (9 avril 2020). Extrait de *https://www.theburningplatform.com/2020/04/09/covid-19-perfect-cover-for-mandatory-biometric-id/*

12. Micro-Chipped New World Order 4 of 4. (8 mai 2020). Extrait de *https://pressingforadams.wordpress.com/2020/05/08/micro-chipped-new-world-order-3/*

13. Bill Gates develops « digital certificates » for Coronavirus. (29 mars 2020). Extrait de *https://www.parlayme.com/post/bill-gates-develops-digital-certificates-for-coronavirus*

14. The Coronavirus COVID-19 Pandemic: The Real Danger is "AgendaID2020".(Mis à jour le 21 novembre 2020 à partir de l'original du 12 mars 2020). Extrait de *https://www.globalresearch.ca/coronavirus-causes-effects-real-danger-agenda-id2020/5706153*

15. Biometric IDs can be 'gamechanger' in coronavirus antibody tests,vaccine.(8 avril2020).Extrait de *https://uk.reuters.com/article/health-coronavirus-tech/biometric-ids-can-be-gamechanger-in-coronavirus-antibody-tests-vaccine-idUKL8N-2BV0BI*

16. Health Checkpoints, Biometric IDs, Vaccine Ink Injections: Media Reveals Orwellian 'New Normal' on the Horizon Due to COVID-19. (1er août2020).Extrait de *https://www.sgtreport.com/2020/08/health-checkpoints-biometric-ids-vaccine-ink-*

injections-media-reveals-orwellian-new-normal-on-the-ho-rizon-due-to-covid-19/

17. Coronavirus: Could biometric ID cards offer the UK a lock-down exit strategy? (10 avril 2020). Extrait de *https://ca.news. yahoo.com/coronavirus-could-biometric-id-cards-of-fer-uk-lockdown-134000739.html?guccounter=1*

18. UK Introduces Biometric Enabled Coronavirus Digi-tal Health Passports. (2020). Extrait le 8 novembre 2020 de *https://tichronicles.com/2020/05/28/covi-pass-uk-in-troduces-biometric-rfid-enabled-coronavirus-digi-tal-health-passports/?fbclid=IwAR2Bci2SPIIB8iSXmeUrZJS-ot1AX281gvbw5x99z4wUALPrnQiGXXetC1To*

19. Platform for biometric ID COVID-19 immunity passport. (17 juin 2020). Electronicspecifier.com. Extrait le 8 novembre 2020 de *https://www.electronicspecifier.com/industries/medical/ platform-for-biometric-id-covid-19-immunity-passport-1*

20. COVID-19 Spurs Facial Recognition Tracking, Privacy Fears. (20 mars 2020). Threatpost.com. Extrait le 8 novembre 2020 de *https://threatpost.com/covid-19-spurs-facial-recogni-tion-tracking-privacy-fears/153953/*

21. Nunn, A. (2020). Biometrics and Coronavirus: Bal-ancing Promise With Privacy. Autho Blog. Extrait le 8 novembre 2020 de *https://autho.com/blog/ biometrics-and-coronavirus-balancing-promise-with-privacy/*

22. Tracking and tracing COVID : Protecting privacy and data while using apps and biometrics. (23 avril 2020). OECD. Extrait le 8 novembre 2020 de *http://www.oecd.org/coronavirus/poli-cy-responses/tracking-and-tracing-covid-protecting-privacy-and-data-while-using-apps-and-biometrics-8f394636/*

23. Public-private partnership launches biometrics identity and vaccination record system in West Africa. (10 juillet

2020). Privacy International. Extrait le 8 novembre 2020 de *https://privacyinternational.org/examples/4083/public-private-partnership-launches-biometrics-identity-and-vaccination-record-system*

24. Testing Will Begin In Africa For Biometric ID, "Vaccine Records", & "Payment Systems". (17 juillet 2020). Extrait le 8 novembre 2020 de *https://www.zerohedge.com/markets/testing-will-begin-africa-biometric-id-vaccine-records-payment-systems*

25. Trust Stamp integrating biometric hash solution with Mastercard on children's vaccine record system. (6 juillet 2020). Biometric Update. Extrait le 8 novembre 2020 de *https://www.biometricupdate.com/202007/trust-stamp-integrating-biometric-hash-solution-with-mastercard-on-childrens-vaccine-record-system*

26. Neuralink : Elon Musk unveils pig with chip in its brain. (29 août 2020). BBC News. Extrait le 8 novembre 2020 de *https://www.bbc.com/news/world-us-canada-53956683*

27. Plandemic : Indoctornation World Premiere. (18 août 2020). Digital Freedom Platform by London Real. Retrieved November 8, 2020 from *https://freedomplatform.tv/plandemic-indoctornation-world-premiere/*

28. PROBLEM-REACTION-SOLUTION. (2020) Any- thingbox. wordpress.com. Extrait le 8 novembre 2020 de *https://anythingbox.wordpress.com/2009/03/24/problem-reaction-solution/*

29. Coronavirus : David Icke's channel deleted by *YouTube*. (2 mai 2020). BBC News. Extrait le 8 novembre 2020 de *https:// www.bbc.com/news/technology-52517797*

30. Coronavirus : David Icke kicked off Facebook. (1er mai 2020). BBC News. Extrait le 8 novembre 2020 de *https://www.bbc.com/news/technology-52501453*

31. Scenarios for the Future of Technology and International Development. (Mai 2020). The Rockefeller Foundation and Global Business Network. Extrait le 8 novembre 2020 de *http://www.nommeraadio.ee/meedia/pdf/RRS/Rockefeller%20 Foundation.pdf*

32. Conspiracy Theory with Jesse Ventura | Police State. (2016). Dailymotion video. Extrait le 8 novembre 2020 de *https:// www.dailymotion.com/video/x4j66oe*

33. Dr. Li-Meng Yan: Coronavirus Whistleblower–How the Chinese Government Covered Up the Emergence of the SARS COV-2 Virus. (25 septembre 2020). Digital Freedom Platform by London Real. Extrait le 8 novembre 2020 de *https:// freedomplatform.tv/dr-li-meng-yan-coronavirus-whistleblow- er-how-the-chinese-government-covered-up-the-emergence-of- the-sars-cov-2-*

34. New World War: The New Enemy. (2020). Newworldwar.org. Extrait le 8 novembre 2020 de *http://www.newworldwar.org/ newenemy.htm*

35. The Truth Behind The Coronavirus Pandemic, COVID-19 Lockdown & The Economic Crash–David Icke. (18 mars 2020). Digital Freedom Platform by London Real. Extrait le 8 novembre 2020 de *https://freedomplatform.tv/the-truth-be- hind-the-coronavirus-pandemic-covid-19-lockdown-the-economic- crash-david-icke/*

36. Coronavirus : WHO reports record daily rise in new infections. (14 septembre 2020). BBC News. Retrieved Extrait le 8 novembre 2020 de *https://www.bbc.com/news/world-54142502*

37. Denmark rushes through emergency corona- virus law. (13 mars 2020). Thelocal.dk. Extrait le 8 novembre 2020 de *https://www.thelocal.dk/20200313/ denmark-passes-far-reaching-emergency-coronavirus-law*

38. China's social credit system bares its teeth, banning millions from taking flights, trains. (18 février 2019). South China Morning Post. Extrait le 8 novembre 2020 de *https:// www.scmp.com/economy/china-economy/article/2186606/ chinas-social-credit-system-shows-its-teeth-banning-millions*

39. Biometric Authentication Now and Then: History and Timeline. (2020). Bayometric. Extrait le 8 novembre 2020 de *https://www.bayometric.com/ biometric-authentication-history-timeline/*

40. History of Biometrics. (2012). Biometricupdate.com. Extrait le 8 novembre 2020 de *https://www.biometricup-date. com/201802/history-of-biometrics-2*

41. Pike, J. Biometrics–History. (2020). Globalsecurity.org. Extrait le 8 novembre 2020 de *https://www.globalsecurity. org/security/systems/biometrics-history.htm*

42. How to Use Android Phone As Biometric Device. (18 décembre 2018). M2SYS Blog on Biometric Technology. Extrait le 8 novembre 2020 de *https:// www.m2sys.com/blog/biometric-hardware/ how-to-use-android-phone-as-biometric-device/*

43. Dudley, Lauren. (March 7, 2020). China's Ubiquitous Facial Recognition Tech Sparks Privacy Backlash. The-diplomat.com. Extrait le 8 novembre 2020 de *https:// thediplomat.com/2020/03/chinas-ubiquitous-facial-recognition-tech-sparks-privacy-backlash/#:~:text=As%20the%20 number%20of%20facial,the%20security%20of%20sensitive%20 data*

44. 6 Ways Amazon Uses Big Data To Stalk You. (5 octobre 2020). Investopedia. Extrait le 8 novembre 2020 de *https://www. investopedia.com/articles/insights/090716/7-ways-amazon-uses-big-data-stalk-you-amzn.asp*

45. Biometrics in 2020 (FAQs, use cases, technology). (2020). Thalesgroup.com. Extrait le 8 novembre 2020 de *https://www.thalesgroup.com/en/markets/digital-identity-and-security/government/inspired/biometrics*

46. Biometrics and body temperature scanning technologies support COVID-19 recovery efforts. (17 août 2020). Biometricupdate.com. Extrait le 8 novembre 2020 de *https://www.biometricupdate.com/202008/biometrics-and-body-temperature-scanning-technologies-support-covid-19-recovery-efforts*

47. COVID-19 : Wearable technology to help vaccine trial volunteers track fitness. (14 août 2020). Khaleej Times. Extrait le 8 novembre 2020 de *https://www.khaleejtimes.com/coronavirus-pandemic/covid-19-wearable-technology-to-help-vaccine — trial-volunteers-track-fitness*

48. Weintraub, K. (18 décembre 2019). Invisible Ink Could Reveal whether Kids Have Been Vaccinated. Scientific American. Extrait le 8 novembre 2020 de *https://www.scientificamerican.com/article/invisible-ink-could-reveal-whether-kids-have-been-vaccinated/*

49. Are 5G/Biometric Systems Being Covertly Installed During the Lockdown, Where You Live? (2020) The Deidre Imus Environmental Health Center. Imusenviron-mentalhealth.org. Extrait le 8 novembre 2020 de *http://www.imusenviron-mentalhealth.org/are-5gbiometric-systems-being-covertly-in-stalled-during-the-lockdown-where-you-live/*

50. Tangermann, Victor. (21 décembre 2019). An Invisible Quantum Dot 'Tattoo' Could Be Used to ID Vaccinated Kids. ScienceAlert. Extrait le 8 novembre 2020 de *https://www.sciencealert.com/an-invisible-quantum-dot-tattoo-is-being-suggested-to-id-vaccinated-kids*

51. Hirschler, Ben. (6 mai 2011). Special report: Big Pharma's global guinea pigs. London (Reuters). Extrait le 8 novembre 2020 de *https://in.reuters.com/article/us-pharmaceuticals-trials/special-report-big-pharmas-global-guinea-pigs-id*UKTRE7450SV20110506

52. Unethical Clinical Trials Still Being Conducted in Develop — ing Countries. (1er octobre 2014). Public Citizen. Extrait le 8 novembre 2020 de *https://www.citizen.org/news/unethical-clinical-trials-still-being-conducted-in-developing-countries/*

53. « Russian COVID vaccine to be tested in India this month ». (7 septembre 2020). The Tribune.Tribune India News Service. Extrait le 8 novembre 2020 de *https://www.tribuneindia.com/news/nation/russian-covid-vaccine-to-be-tested-in-india-this-month-137755*

54. Coronavirus Vaccine India: Phase III Human Trials Of Oxford COVID Vaccine To Start In Mumbai. (19 août 2020). The Times of India. Timesofindia.com. Extrait le 8 novembre 2020 de *https://timesofindia.indiatimes.com/life-style/health-fitness/health-news/coronavirus-vaccine-india-phase-iii-human-trials-of-oxford-covid-vaccine-to-start-in-mumbai/photostory/77631522.cms?picid=77631538*

55. Trust Stamp–Bill Gates Funded Program That Will Create Your Digital Identity Based On Your Vaccination History. (19 juillet 2020). Great Game India–Journal on Geopolitics & International Relations. Extrait le 8 novembre 2020 de *https://greatga-meindia.com/bill-gates-vaccination-based-digital-identity/*

56. Schlesinger, D. (6 juillet 2019). New Gavi Partnership: Deploying Biometric Technology To Expand Child Vaccine Coverage. Health Policy Watch. Extrait le 8 novembre 2020 de *https://healthpolicy-watch.news/new-gavi-partnership-de-*

ploying-biometric-technology-to-expand-child-vaccine-cove-rage/

57. Biometric Tracking Can Ensure Billions Have Immunity Against COVID-19 (13 août 2020). Extrait de *https://www.bloomberg.com/ features/2020-covid-vaccine-tracking-biometric/*

58. I'm Bill Gates, co-chair of the Bill & Melinda Gates Foundation. AMA about COVID-19 (2020). Extrait le 24 octobre 2020 de *https://www.reddit.com/r/Coronavirus/comments/fksnbf/ im_bill_gates_cochair_of_the_bill_melinda_gates/*

59. THE MARK OF THE BEAST IS AT THE DOOR – ID2020 Implants – Vaccines. (9 avril 2020). Extrait le 2 octobre 2020 de *https://www.eyeopeningtruth.com/ the-mark-of-the-beast-is-at-the-door-id-implants-vaccines/*

60. MARK OF THE BEAST–HERE IT COMES: Bill Gates And His GAVI Vaccine Alliance Launching AI-Powered 'Trust Stamp' Combining A Vaccine And Digital Biometric ID In West Africa. (14 juillet 2020). Extrait de *https://nevrapture.blogspot. com/2020/07/mark-of-beast-here-it-comes-bill-gates html*

61. RFID Chip May Be Tied to the New Corona- virus Vaccine (22 mai 2020). Extrait de *https://www1.cbn. com/cbnnews/health/2020/may/rfid-chip-may-be-tied-to-the-new-coronavirus-vaccine*

62. Africa's rapid population growth puts poverty progress at risk, says Gates (18 septembre 2018). Extrait de *https://uk.reuters. com/article/uk-health-global-gates/africas-rapid-population-growth-puts-poverty-progress-at-risk-says-gates-id*UKKCN-1LY0GQ

63. Bill Gates Is Not a Benign Philanthropist, Quite the Contrary. (22 août 2018). Extrait de *http://www.newdemocracy-world. org/culture/gates.html*

64. Bill Gates and the Myth of Overpopulation. (26 avril 2019). Extrait de *https://medium.com/@jacob.levich/bill-gates-and-the-myth-of-overpopulation-ca3b1d89680*

65. Melinda Gates reinvesting in Family Planning with Depo Provera. (2020) Extrait de *https://www.occupycorporatism.com/melinda-gates-reinvesting-in-family-planning-with-depo-pro-vera*

66. India to Change Its Decades-Old Reliance on Female Sterilization. (20 février 2016). Extrait de *https://www.nytimes.com/2016/02/21/world/asia/india-to-change-its-decades-old-reliance-on-female-sterilization.html*

67. Volunteer in COVID-19 Vaccine Trial Dies : Health Officials. (3 septembre 2020). Extrait de *https://www.theepoch-times.com/volunteer-in-covid-19-vaccine-trial-dies-in-health-offi-cials_3547777.html*

68. CRITICAL COVID VIDEOS (2020). Extrait de *https://stateof-thenation.co/?page_id=31131*

69. Are 5G / Biometric Systems Being Covertly Installed During the Lockdown, Where You Live? (22 mars 2020). Extrait de *https://www.globalresearch.ca/are-5g-biometric-sys-tems-being-covertly-installed-during-lockdown-where-you-live/5707159*

70. ID2020 Alliance : Global Mandatory Vaccinations + Biometric ID Integration. (20 décembre 2019). Extrait de *https://eclinik.net/id2020-alliance-global-mandatory-vaccina-tions-biometric-id-integration/*

71. Wearable COVID-19 tracker available in Southern Africa. (3 septembre 2020). Extrait de *https://www.healthcareglobal.com/medical-devices-and-pharma/wearable-covid-19-tracker-available-southern-africa*

72. Dr. Carrie Mandej warns of the nanotechnology used in the rushed vaccine. (1ᵉʳ septembre 2020). Extrait de *https://www.bitchute.com/video/KjFRsu61fdiX/*

73. Human 2.0 is coming faster than you think. Would you evolve with the times? (1ᵉʳ octobre 2018). Extrait de *https://www.forbes.com/sites/cognitiveworld/2018/10/01/human-2-0-is-coming-faster-than-you-think-will-you-evolve-with-the-times/?sh=4040e0c44284*

74. Coronavirus is the first big test for futuristic tech that can prevent pandemics. (27 février 2020). Extrait de *https://www.vox.com/recode/2020/2/27/21156358/surveillance-tech-coronavirus-china-facial-recognition*

75. Coronavirus COVID-19 666 Mark of the Beast Bible Prophecy, Vaccinations & Cryptocurrency. (4 mai 2020). Extrait de *https://hackernoon.com/covid-19-and-the-bibles-666-prophecy-zb2432po*

ANNEXE A-1

The Subpoena is Technically Deficient

7. The Justice of the Peace did not have jurisdiction to issue the subpoena under s. 34(3) of the ~~Alberta Evidence Act, RSA~~ 18, and it should be quashed on this basis.

The CMOH Has No Material Evidence

8. Mr. King has no evidence showing that the evidence sought from the CMOH is likely to be material to the Provincial Court proceeding contrary to ss. 698 and 699 of the ~~Criminal Code.~~ As such, the Justice of the peace did not have jurisdiction to issue the subpoena, and it should be quashed on this basis.

9. Mr. King explained the reason for the subpoena in the document he attached as Schedule A to the subpoena. It is clear that Mr. King seeks evidence relating to the rationale for orders issued by the CMOH under the Act: he seeks evidence about the "crafting of the statutes".

WATCH: StewPeters.tv

Play THE STEW PETERS SHOW

LIVE FROM THE CORTEZ WEALTH MANAGEMENT STUDIOS | CortezWM.com RedVoiceMedia.com 05:30

LIVE RVM

ANNEXE A-2

Published online 2020 Jul 2. doi: 10.1016/j.addr.2020.06.026
PMID: 32622021

Lipid nanoparticle technology for therapeutic gene regulation in the liver

Dominik Witzigmann,[a,b,1] Jayesh A. Kulkarni,[b,c,d,1] Jerry Leung,[a] Sam Chen,[a,e] Pieter R. Cullis,[a,b,*] and Roy van der Meel[f]

▸ Author information ▸ Article notes ▸ Copyright and License information   Disclaimer

Abstract

Go to: ⊙

Hereditary genetic disorders, cancer, and infectious diseases of the liver affect millions of people around the globe and are a major public health burden. Most contemporary treatments offer limited relief as they generally aim to alleviate disease symptoms. Targeting the root cause of diseases originating in the liver by regulating malfunctioning genes with nucleic acid-based drugs holds great promise as a therapeutic approach. However, employing nucleic acid therapeutics *in vivo* is challenging due to their unfavorable characteristics. Lipid nanoparticle (LNP) delivery technology is a revolutionary development that has enabled clinical translation of gene therapies. LNPs can deliver siRNA, mRNA, DNA, or gene-editing complexes, providing opportunities to treat hepatic diseases by silencing pathogenic genes, expressing therapeutic proteins, or correcting genetic defects. Here we discuss the state-of-the-art LNP technology for hepatic gene therapy including formulation design parameters, production methods, preclinical development and clinical translation.

Keywords: Gene therapy, liver, lipid nanoparticle (LNP), lipids, hepatocyte, small interfering RNA (siRNA), messenger RNA (mRNA), DNA, guide RNA (gRNA), CRISPR/Cas9, gene silencing, gene expression, gene editing

http://www.ncbi.nlm.nih.gov/pmc/articles/PMC7329694/

Fiverr / Inbox   (550,342 unread) - cos...   Restore Session   (2) Facebook   (1) Love Unlimited Orc...   Private - New York Cit...   Sample photos - agor...   Voter Guide 2021 | Co...   Fiverr / theca

Elsevier Public Health Emergency Collection

Public Health Emergency COVID-19 Initiative

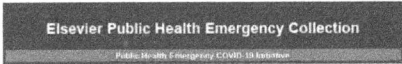

Adv Drug Deliv Rev. 2020: 159: 344–363.   PMCID: PMC7329694
Published online 2020 Jul 2. doi: 10.1016/j.addr.2020.06.026   PMID: 32622021

Lipid nanoparticle technology for therapeutic gene regulation in the liver

Dominik Witzigmann, a,b,1 Jayesh A. Kulkarni, b,c,d,1 Jerry Leung, a Sam Chen, a,e Pieter R. Cullis a,b,* and Roy van der Meel f

· Author information · Article notes · Copyright and License information   Disclaimer

This article has been cited by other articles in PMC.

Abstract   Go to: ▽

Hereditary genetic disorders, cancer, and infectious diseases of the liver affect millions of people around the globe and are a major public health burden. Most contemporary treatments offer limited relief as they generally aim to alleviate disease symptoms. Targeting the root cause of diseases originating in the liver by regulating malfunctioning genes with nucleic acid-based drugs holds great promise as a therapeutic approach. However, employing nucleic acid therapeutics in vivo is challenging due to their unfavorable characteristics. Lipid nanoparticle (LNP) delivery technology is a revolutionary development that has enabled clinical translation of gene therapies. LNPs can deliver siRNA, mRNA, DNA, or gene-editing complexes, providing opportunities to treat hepatic diseases by silencing pathogenic genes, expressing therapeutic proteins, or correcting genetic defects. Here we discuss the state-of-the-art LNP technology for hepatic gene therapy including formulation design parameters, production methods, preclinical development and clinical translation.

Keywords: Gene therapy, liver, lipid nanoparticle (LNP), lipids, hepatocyte, small interfering RNA (siRNA), messenger RNA (mRNA), DNA, guide RNA (gRNA), CRISPR/Cas9, gene silencing, gene expression, gene editing indicating F1X expression can rescue hemophilia B phenotypes [   ].

Gene editing is the next major application of mRNA therapeutics. Various approaches have been explored including CRISPR/Cas9 and zinc-finger nucleases (ZFN). An initial gene editing demonstration used a combination of viral delivery (sgRNA and repair template) combined with LNP-mRNA encoding Cas9 to correct a mutation in the fumarylacetoacetate hydrolase gene [205]. The study showed approximately 6% of hepatocytes were edited and it is assumed that the limitation was the viral delivery. Comparatively, Finn *et al.* used LNP-mRNA formulations encoding for Cas9 protein, co-delivered with sgRNA targeting *ttr.* They showed sustained 12-month circulating TTR knockdown (97%) following a single administration of 3 mg/kg RNA body weight in a murine model with ~70% editing in the liver (~70% liver cells are hepatocytes) [206]. Similarly, LNP-mediated delivery of mRNA encoding ZFN targeting *ttr* and *pcsk9* resulted in > 90% knockout at mRNA doses 10-fold lower than reported previously [137]. In the same study, co-delivery of LNP-mRNA encoding ZFN targeting the albumin gene and a viral vector for templates of promotor-less human *IDS* or *FIX* resulted in integration of those templates at the albumin locus and generated therapeutically relevant levels of those proteins in murine models. In addition to continuous efforts in optimizing ionizable cationic lipids for enhanced genome editing in the liver, a recent study by Cheng *et al.* demonstrated that bioengineering LNP formulations with additional lipids, so-called selective organ targeting (SORT) molecules, can tune the LNP's efficiency and biodistribution. Adding 20 mol% of an ionizable cationic lipid such as DODAP significantly enhanced the genome editing in the liver, while addition of cationic or anionic SORT molecules enabled specific gene regulation in the lung or spleen [207,208].

5. Clinical translation of lipid nanotechnology

Go to: ⊙

The rapid translation from lab bench to patients was primarily driven by a holistic design of LNP composition and processes to support scalability while maintaining potency. Onpattro® paved the way for the next generation of lipid-based therapeutics and its success in phase 2 trials spurred development of mRNA therapeutics. Gene therapies enabled by LNPs are under clinical development for a broad range of applications (Table 4) [211]. In this section we discuss the clinical data for Onpattro® and some mRNA therapeutics currently under development.

Table 4

Highlighted LNP-based nucleic acid therapeutics in the clinic. Drug products in clinical development or approved by the U.S. Food and Drug Administration (FDA) and the European Medicines Agency (EMA). Company code names, generic (non-proprietary) names and company names for the products are given in brackets. Table adapted from Kulkarni *et al.* [18]

Product	Nucleic acid / transgene	Indication	Administration route	Clinical stage	Ref.
Gene silencing					

ANNEXE A-3

Drugs and Supplements   🖶 Print

Sars-Cov-2 (Covid-19) Vaccine, Adenovirus 26 Vector (Janssen) (Intramuscular Route)

Description and Brand Names

Before Using

Proper Use

Precautions

Side Effects

Products and services

The Mayo Clinic Diet

What is your weight-loss goal?

5-10 lbs »

11-25 lbs »

25+ lbs »

Free E-newsletter

Subscribe to Housecall

Our general interest e-newsletter keeps you up to date on a wide variety of health topics

Sign up now

Side Effects

Drug information provided by: IBM Micromedex

Along with its needed effects, a medicine may cause some unwanted effects. Although not all of these side effects may occur, if they do occur they may need medical attention.

Check with your doctor or nurse immediately if any of the following side effects occur.

More common

- Difficulty in moving
- fever
- headache
- joint pain or swelling
- muscle aches, cramping, pains, or stiffness
- nausea
- unusual tiredness or weakness

Incidence not known

- Anxiety
- black, tarry stools
- bleeding gums
- blood in the urine or stool
- blurred vision
- chest pain
- confusion
- continuing ringing or buzzing or other unexplained noise in the ears
- cough

151

- dizziness or lightheadedness
- fainting
- fast heartbeat
- hearing loss
- hives or welts, itching, skin rash
- inability to move the arms and legs
- numbness, weakness, or tingling in the arms or legs
- pain, redness, or swelling in the arm or leg
- pinpoint red spots on the skin
- redness of the skin
- seizures
- stomach pain
- trouble breathing
- unusual bleeding or bruising
- vomiting blood

Some side effects may occur that usually do not need medical attention. These side effects may go away during treatment as your body adjusts to the medicine. Also, your health care professional may be able to tell you about ways to prevent or reduce some of these side effects. Check with your health care professional if any of the following side effects continue or are bothersome or if you have any questions about them:

More common

- Pain, redness, or swelling at the injection site

Other side effects not listed may also occur in some patients. If you notice any other effects, check with your healthcare professional.

Call your doctor for medical advice about side effects. You may report side effects to the FDA at 1-800-FDA-1088.

fatigue

Simple, effective Home Remedies

ANNEXE A-4

4. Preclinical development and rationale for lipid nanotechnology   Go to: ⊡

Research in the late 1980s focusing on *in vivo* pDNA delivery showed that in the absence of a delivery system, naked nucleic acid injected into the circulation rapidly broke down and the products accumulated in hepatic tissue [166]. As interest towards ASOs and siRNA grew, LNP compositions and production methods simply translated from plasmids to these shorter nucleic acids [167]. More recently, formulations have become sufficiently potent to support discovery and translation of mRNA therapeutics [168]. Fig. 4 illustrates the different LNP-based treatments for hepatic diseases by silencing pathogenic genes, expressing therapeutic proteins, or correcting genetic defects. Table 3 highlights preclinical LNP-based hepatic gene therapy approaches.

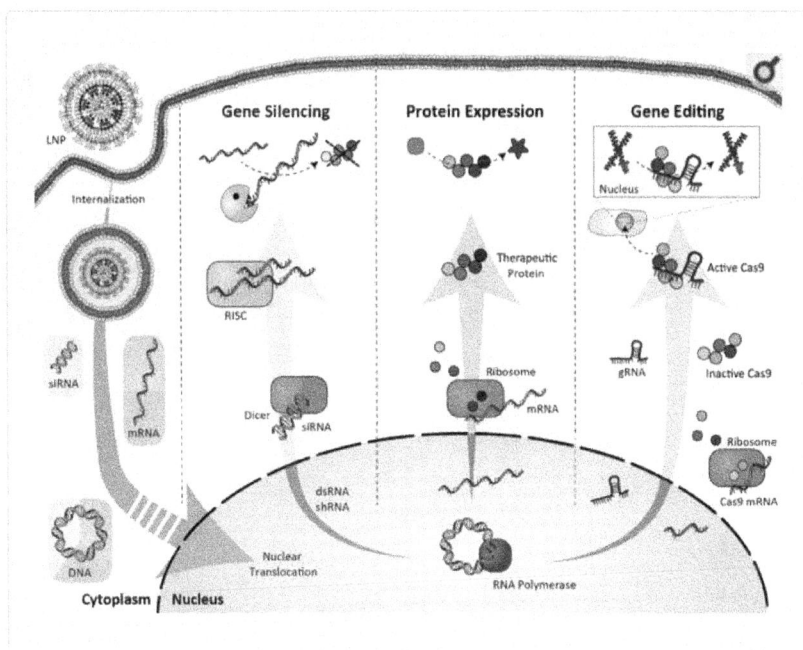

https://www.britannica.com/science/messenger-RNA

kela - G...   Fiverr / Inbox   (550,342 unread) - cos...   Restore Session   (2) Facebook   (1) Love Unlimited Orc...   Private - New York Cit...   Sample photos - agor...

Search   Quizzes   Games   On This Day

transcription). Each molecule of mRNA encodes the information for one protein (or more than one protein in bacteria), with each sequence of three nitrogen-containing bases in the mRNA specifying the incorporation of a particular amino acid within the protein. The mRNA molecules are transported through the nuclear envelope into the cytoplasm, where they are translated by the rRNA of ribosomes (*see* translation).

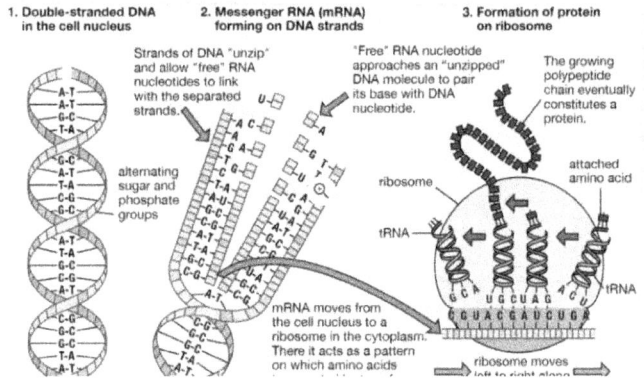

protein synthesis

DNA in the cell nucleus carries a genetic code, which consists of sequences of adenine (A), thymine (T), guanine (G), and cytosine (C) (Figure 1). RNA, which contains uracil (U) instead of thymine, carries the code to protein-making sites in the cell. To make RNA, DNA pairs its bases with those of the "free" nucleotides (Figure 2). Messenger RNA (mRNA) then travels to the ribosomes in the cell cytoplasm, where protein synthesis occurs (Figure 3). The base triplets of transfer RNA (tRNA) pair with those of mRNA and at the same time deposit their amino acids on the growing protein chain. Finally, the synthesized protein is released to perform its task in the cell or elsewhere in the body.

Image: Encyclopædia Britannica, Inc.

ANNEXE A-5

REVIEW article

Front. Neurosci., 16 November 2018 | https://doi.org/10.3389/fnins.2018.00843

A New Frontier: The Convergence of Nanotechnology, Brain Machine Interfaces, and Artificial Intelligence

Gabriel A. Silva

Departments of Bioengineering and Neurosciences, Center for Engineered Natural Intelligence, University of California San Diego, La Jolla, CA, United States

A confluence of technological capabilities is creating an opportunity for machine learning and artificial intelligence (AI) to enable "smart" nanoengineered brain machine interfaces (BMI). This new generation of technologies will be able to communicate with the brain in ways that support contextual learning and adaptation to changing functional requirements. This applies to both invasive technologies aimed at restoring neurological function, as in the case of neural prosthesis, as well as non-invasive technologies enabled by signals such as electroencephalograph (EEG). Advances in computation, hardware, and algorithms that learn and adapt in a contextually dependent way will be able to leverage the capabilities that nanoengineering offers the design and functionality of BMI. We explore the enabling capabilities that these devices may exhibit, why they matter, and the state of the technologies necessary to build them. We also discuss a number of open technical challenges and problems that will need to be solved in order to achieve this.

ANNEXE 1

Le Dr Christiane Northrup parle du vaccin COVID-19

Extraits de l'interview vidéo de Polly Tommey, directrice exécutive de *Peeps*TV.

YouTube. Publié le 7 octobre 2020.
https://www.youtube.com/watch?v=UcGZC9P9WBg

[1 h 59] Christiane : Oui, il n'y a jamais eu de vaccin comme celui-ci. C'est un vaccin ARN, c'est ce que l'on appelle une transinfection. Il va fondamentalement changer l'ADN des gens, et ce que je n'aime pas, c'est que, plus encore que les métaux toxiques contenus dans les vaccins, qui transforment littéralement notre corps en antenne, avec la 5 G, celui-ci contient l'ADN non humain habituel, comme, vous savez, des singes, peut-être des cellules fœtales, des porcs, etc. Et donc, cela commence à faire de nous, ce qu'on appelle des chimères, C-H-I-M-E-R-E-S, en introduisant de l'ADN non

humain dans nos corps. Le pire, c'est qu'il y a un brevet et un travail qu'ils ont fait au MIT, pour fabriquer un colorant, et le brevet du colorant est appelé « luciférase ». Et sous une lampe, vous seriez capable de voir qui a été vacciné qui ne l'a pas été, et l'accord est de stocker vos informations biométriques, parce que ce vaccin aura des nanoparticules, des particules nanocristallines qui sont inten… en fait des petits robots, comme des petites antennes. Et elles auront la capacité de recueillir vos données biométriques, pas seulement votre dossier de vaccination, mais votre respiration, votre rythme cardiaque, vos activités, vos activités sexuelles, les médicaments que vous prenez, où vous voyagez, tout cela, puis de prendre ces données et de les stocker dans le nuage. Ce qui est encore plus inquiétant, c'est que la *Fondation Bill et Melinda Gates* a déposé, le 26 mars 2020, un brevet, numéro 060606, pour prendre ces données biométriques, vous donner un code-barres et connecter chacun d'entre nous à la cryptomonnaie afin que nous devenions, littéralement, esclaves du système. Comme, tout… ce serait la fin de la vie privée, la fin de la liberté, car qui récupère les données ? Qui utilise les données et qu'en font-ils ? Donc, ce… ce brevet pour connecter les vaccinés à la cryptomonnaie, faisant de tous les humains une marchandise, est extrêmement préoccupant. Et tout le monde devrait être inquiet, étant donné qu'il s'agit d'un virus dont 99,9 % des gens se remettent. Alors, je me demande pourquoi nous avons besoin de quelque chose comme ça. Parce que cela va bien au-delà des anciennes pandémies, de la variole, etc. Le projet ici est de vacciner le monde entier et l'argument que l'on nous vend est que les choses ne reviendront pas à la normale tant que tout le monde ne sera pas vacciné. Vacciné avec quoi ? Un truc de transfection qu'on n'a jamais vu avant ? Et d'ailleurs, une fois que ces nanoparticules sont entrées, il est impossible de s'en désintoxiquer, il est impossible de les faire sortir. Elles se combinent à votre ADN et vous êtes soudainement programmable et avec les réseaux 5G proposés, le corps serait une antenne, où vous pourriez être contrôlé depuis l'extérieur de vous-même. C'est le pire scénario possible. C'est ce qui me dérange avec le vaccin, et jusqu'à présent, dans les premiers essais de *Moderna*, 100 % des personnes qui ont reçu le vaccin à haute dose, et rappelez-vous, il s'agissait de personnes très, très saines, très saines, du genre de celles qui sont très peu nombreuses. Puisque nous avons maintenant une planète, et au moins aux États-Unis, où 54 % de tous les enfants ont une maladie chronique. Donc, 100 % de ces personnes ont eu des effets secondaires, des effets secondaires

sévères. Et dans la dose la plus faible, 80 %
des gens ont eu des effets secondaires. Et
comme le dit mon collègue, Bruce Lipton,
ce ne sont pas des effets secondaires, ce sont
des effets. Et certains d'entre eux ont été cette
chose appelée « myélite transverse », qui est,
essentiellement, la polio. Et donc, ce sont,
ce sont mes préoccupations au sujet de tout
le monde qui fait la queue pour recevoir ce
vaccin et qui a également été accéléré. Il y
aura, ou il n'y a pas eu, d'études animales
dans le passé, lorsqu'on a essayé de faire ce
type de vaccin sur des animaux, les animaux
semblaient aller bien, au début, et puis, après
un certain temps, lorsque leur corps est entré
en contact avec le germe pour lequel ils ont
été vaccinés, ils ont eu ce qu'on appelle un
amorçage pathogène, c'est-à-dire que d'une
certaine manière, le vaccin a fait quelque
chose au système immunitaire de sorte qu'ils
sont tombés très malades plus tard, lorsqu'ils
ont été réellement mis en contact avec l'agent
pathogène. Nous ne savons donc pas si cela
se produirait ou non.

[06:54] Polly :   Donc, quelques questions sur ce vaccin, si
nous pouvons juste décomposer un peu pour
la personne moyenne comme moi, qui ne sait
peut-être même pas ce qu'est une nanoparticule... Je comprends, mais certaines personnes ne savent même pas ce qu'est une

nanoparticule. Mais l'autre question qui se pose, c'est que la presse et l'autre camp disent : oh, n'écoutez pas ces médecins et ces gens absurdes, ces charlatans qui disent qu'il y a des nanoparticules, de l'hydrogel, de la luciférase là-dedans, c'est absurde. Donc, ils mentent ouvertement au public.

[7 h 24] Christiane : Oui, ils le sont. Et si vous voulez, je peux vous envoyer les articles du MIT où ils parlent de ça, vous savez, pour que vous ayez les références. Il est fascinant de constater qu'à mon avis, en tant que médecin holistique depuis des années, tout ce que j'ai toujours pensé être une bonne idée, comme la vitamine C par voie intraveineuse a été diabolisée. Vous ne pouvez pas breveter une substance naturelle. Et donc, pendant toute ma carrière, beaucoup de choses que je pensais être une très bonne idée et que j'ai vu être très bien acceptées, diverses herbes, la médecine homéopathique, ce genre de choses, a été très activement minimisée. Et cela vient en grande partie du rapport Flexner, publié en 1920 par John D. Rockefeller, qui a inventé le mot « charlatan » et s'en est pris à toutes les écoles de médecine naturopathique, homéopathique, etc. Il y a donc eu une diffamation très active et non intentionnelle de la médecine naturelle et de la capacité de l'homme à être en bonne santé. Je pense que ce que nous recherchons réel-

lement, c'est un changement de paradigme de la théorie des germes de la maladie, selon laquelle vous êtes malade à cause des germes, à la théorie du terrain. Laissez-moi formuler cela très simplement : d'accord, la théorie des germes est la suivante : vous avez un aquarium, l'eau est sale, vaccinez le poisson. C'est la théorie des germes. La théorie du terrain est, nettoyez l'eau, et les poissons resteront en bonne santé. Voilà, c'est ça.

. . . .

[10:36] Polly : Donc, ils poussent le vaccin contre la grippe, et beaucoup de gens le prennent, parce que les médias disent que nous devons garder les hôpitaux gratuits, vous devez faire votre part en tant que Britannique ou Américain, vous devez aider. Donc, les gens affluent, il y a des files d'attente en Grande-Bretagne pour le vaccin contre la grippe afin de faire leur part pour la Grande-Bretagne. Et puis, c'est une chose, mais je veux vraiment faire comprendre à tout le monde, et vous l'avez si bien décrit, et je suis désolée de vous obliger, mais pourriez-vous le dire une fois de plus ? Ce vaccin COVID ne ressemble à rien de ce que nous avons vu auparavant. Ai-je raison ?

[11 h 7] Christiane : C'est exact. Rien, nous n'avons pas du tout d'expérience dans ce domaine. Une nano-

particule est un minuscule, minuscule, minuscule robot, qui collecte vos données biométriques, votre rythme cardiaque, votre respiration, vos relations, si vous avez eu des rapports sexuels, les médicaments que vous prenez, où vous allez, avec qui vous êtes, et envoie ces données vers le nuage. Et ils veulent utiliser ces données pour, au mieux, vous vendre des choses. Par exemple, connaître tous vos mouvements afin de pouvoir vous envoyer des e-mails pour obtenir un produit quelconque, mais au pire, vous connecter à la cryptomonnaie, pour que nous ayons une société sans argent liquide, la reconnaissance faciale, la capacité de contrôler toute une population et, et il y a des aspects de cela qui sont très néfastes, c'est que, avec la 5 G déployée, qui est en train d'être déployée dans certains endroits, ce 60 GHz, et cette vibration, ce rayonnement peut littéralement affecter négativement l'hémoglobine dans notre corps, rendant très difficile l'oxygénation. Et cela ressemble à ce qui se passait, d'ailleurs, en Chine au début et aussi à New York, où les gens arrivaient incapables de, vous savez, bleuir, incapables d'avoir assez d'oxygène. On les mettait alors sous respirateur et on les tuait de cette façon, car ce n'était pas ce qui était nécessaire.

[12:42] Polly : Cette « luciférase », c'est quoi, pourquoi ils l'appellent comme ça ?

[12 h 49] Christiane : Eh bien, parce que Lucifer signifie lumière, et, mais vous savez, mais nous pourrions entrer dans le sujet du schéma luciférien, mais je ne préfère pas. C'est très effrayant et très sombre et ce n'est probablement pas l'endroit pour le faire, mais si vous, si vous voulez entrer dans ce domaine, il y a certainement des ressources disponibles. Je ne suis pas très heureuse du brevet Bill et Melinda Gates, car 060606, dans le livre de l'Apocalypse, c'est la marque du diable. Et selon ceux qui ont étudié ce genre de choses, il y a beaucoup de symboles qui sont associés à ce schéma, y compris le fait de masquer tout le monde pour que nous ne puissions pas voir les visages des autres et puis, au Royaume-Uni maintenant, pas plus de six personnes peuvent se réunir en même temps. Pourquoi six personnes, six pieds, un brevet six, six, six… Je pense qu'il y a autre chose qui se passe, autre que la santé publique, c'est ce que je dirais. Et ayant, ayant témoigné lors des audiences sur le mandat de vaccination dans notre État, je peux vous dire que, l'un après l'autre, des parents sont allés témoigner au sujet de leur enfant blessé par un vaccin et de ce qui s'était passé lorsqu'ils sont allés faire les vaccinations de routine. Et, presque tous les médecins de ma profession

ont agi comme si cela n'arrivait pas, qu'ils allaient faire marche arrière, que tous les vaccins sont sûrs et efficaces, que les effets secondaires sont uniques. Et ma carrière est basée sur le fait que j'ai écouté ce que mes patients me disaient, parce que nous avons la capacité de savoir. Vous, en tant que mère, vous avez la capacité de savoir, je sais que c'est ce qui a fait ça à mon enfant. Comme le dit mon collègue, Andy Wakefield, l'intuition maternelle est la raison pour laquelle la race humaine a survécu aussi longtemps. Et je pense que nous devons écouter cette intuition maternelle. En ce moment, par exemple, ma, ma profession consiste à vacciner des femmes enceintes en bonne santé contre la grippe et le DTaP. Je ne comprends pas. Puis nous vaccinons 99 % de nos enfants avec le vaccin contre l'hépatite B, qui contient 15 fois plus d'aluminium que ce qui est recommandé par la FDA. Nous avons donc toute une génération d'enfants à qui on a injecté des métaux lourds toxiques et des poisons contenus dans les vaccins, à un moment où leur cerveau n'est même pas encore complètement développé. Je ne le comprends pas et je ne vois pas comment vous pouvez le faire. Et très franchement, j'aimerais, vous savez, dire que je crois que c'est un crime contre l'humanité.

[15:48] Polly : Donc, vous parlez de l'instinct maternel, et nous l'avions quand nous avons emmené nos enfants se faire vacciner, et puis bien sûr les médecins ou les médias, toutes les choses qui se passent encore aujourd'hui, vous font peur et vous passez outre votre instinct, ce qui se passe en ce moment avec la COVID, nous l'avons déjà vu. Et donc, je, je pense vraiment que la peur, la peur est le plus grand mal de, de tous ici, parce que nous vivons tous par elle. Vous, vous êtes médecin, vous êtes assis ici, vous dites la vérité. Pourquoi vos collègues ne le font-ils pas ? Il y a une poignée de médecins dans le monde et, bien sûr, le médecin allemand arrêté en Grande-Bretagne ce week-end pour s'être simplement tenu sur le podium n'a même pas pu parler. Donc, c'est encore la peur chez les médecins, ou est-ce...

. . . .

[21 h 35] Christiane : La première chose que nous devons tous faire, c'est nous rapprocher les uns des autres et former des « pods », des groupes de liberté sur toute la planète. Il y en a très peu. N'oublions pas qu'il s'agit d'un programme mis en avant par très, très peu de personnes, et si nous nous levons tous et disons, nous n'en voulons pas, je commencerais dès maintenant. L'une des choses que nous remarquons aux États-Unis, c'est le nombre de personnes

qui donne maintenant des cours à domicile à leurs enfants, à la suite de l'obligation de vacciner dans l'État du Maine, dans l'État de New York, etc. Nous constatons donc que les femmes, en particulier, créent ces fraternités où elles éduquent leurs propres enfants. Éloignons-nous de ces personnes autoritaires qui vous disent que vous en avez besoin pour vivre. Alors que nous commençons à nous déplacer, en ce moment, à travers ce que j'appelle le grand réveil où d'énormes quantités de lumière… Cela a été prophétisé, soit dit en passant, par de nombreux prophètes depuis des siècles. C'est le moment, le grand réveil, mais nous devons nous unir. Et donc, par exemple, je suis devenue une électrice à enjeu unique, chaque politicien pour qui je vais voter, je lui pose une question : « Que pensez-vous des vaccins obligatoires ? ». Si leur réponse est « Je ne suis pas sûr », alors je dis « Suivant ! ». Je veux quelqu'un qui me dise : « Je défends la souveraineté et la liberté médicale ». Alors je voterai pour lui. Et nous constatons qu'il y a des mouvements partout sur la planète. Le Dr Pam Popper, Peggy Hall, des gens de toute la planète, la New Earth Society, Sacha Stone, beaucoup, beaucoup de gens qui s'unissent. S'il y a quelque chose qui va nous rassembler, c'est ça. Et j'ai écouté Kevin Jenkins de la Newark Urban Health League, et il a dit : « En tant qu'homme noir, je comprends l'esclavage. Ce vaccin est un moyen d'asservir toute l'humanité». Et ce qu'ils font à Newark, c'est qu'ils s'opposent à l'idée que les personnes noires sont, les personnes noires sont vulnérables au COVID, vaccinons d'abord les personnes noires. Et à Newark, ce qu'ils font, c'est qu'ils organisent un rassemblement tous les lundis, et les politiciens disent maintenant, s'il vous plaît, arrêtez ça, parce que ce qu'ils disent aux politiciens, aux responsables de la santé publique, « Vous vous faites vacciner d'abord, nous vous observerons pendant un an, puis nous y réfléchirons, parce que nous, en tant que personnes noires, nous nous souvenons de l'expérience de Tuskegee, nous nous souvenons de ce qui nous a été fait au nom de la santé publique, vous passez en premier' ». Maintenant, si un nombre suffisant d'entre nous faisait cela, alors nous constaterions que tout cela prendrait fin. Et c'est pourquoi je me dresse devant vous, à ce moment précis. J'ai l'impression d'être née pour ça, toute ma carrière m'a menée à ça.

ANNEXE 2

Tatouages biométriques : Pfizer et l'avènement du Meilleur des mondes ?

L'introduction d'un « tatouage » biométrique a été l'un des points de discussion du développement d'un vaccin contre le coronavirus. Pour certains, le développement d'un vaccin qui utilise la technologie biométrique est censé agir comme une forme de contrôle de la population et peut être lié directement ou indirectement à un futur ordre mondial.

Selon le *Worldometer* [1], plus de 53 millions de cas de coronavirus ont été recensés dans le monde, entraînant plus de 1,3 million de décès. Alors que de nombreux pays commencent à se remettre lentement de l'effet du virus, les entreprises pharmaceutiques et les agences sanitaires du monde entier travaillent à la mise au point d'un vaccin efficace contre le nouveau coronavirus.

Pfizer, une société pharmaceutique américaine, a commencé la production d'un vaccin dans sa filiale belge située dans la municipalité de Puurs, à Anvers. La société s'est associée à *BioNtech*, une entreprise technologique allemande, pour fournir plus de 1,2 milliard de doses du vaccin COVID-19 l'année prochaine [2].

Dans un communiqué commun, Pfizer et BioNtech ont annoncé début novembre que le vaccin qu'ils ont mis au point

est « efficace à 90 % » contre la COVID-19 après la première analyse initiale de leur essai clinique de phase 3 — qui est la dernière
étape avant une demande d'autorisation.

Alors que le vaccin attend encore l'approbation des autorités
sanitaires, il est déjà produit sur les deux sites de Pfizer — celui
de Puurs en Belgique et celui du Michigan aux États-Unis.

« Nous avons déjà produit des centaines de milliers de doses
sur les deux sites », a déclaré Koen Colpaert de *Pfizer* en Belgique
dans un rapport.

Cependant, la vaccination contre le coronavirus comporte plusieurs points de controverse et de discussion, dont l'introduction
de l'identification biométrique.

Une annonce [3] a été faite début juillet 2020 concernant un
partenariat privé-public entre le géant des plateformes financières,
Mastercard, la société d'authentification de l'identité par l'IA, *Trust
Stamp*, et GAVI (officiellement Gavi, l'Alliance du Vaccin) — une
société fortement soutenue par le milliardaire philanthrope Bill
Gates.

Les tests devraient bientôt commencer dans des « communautés
isolées à faible revenu » en Afrique de l'Ouest pour cette pièce d'identité biométrique qui fera également office de système de paiement
et de carnet de vaccination. La plateforme d'identité numérique
biométrique qui « évolue tout comme vous » a été annoncée pour
la première fois fin 2018 et intégrera la plateforme d'identité numérique de *Trust Stamp* dans le « Wellness Pass » de GAVI-*Mastercard*,
un carnet de vaccination numérique et un système d'identité qui
est également lié au système « click-to-play » de Mastercard qui est
alimenté par sa technologie d'IA et d'apprentissage automatique
appelée NuData.

Quelles sont alors les implications de ces « tatouages biométriques » imprimés sur tout le monde ? Pour commencer, la préfé-

rence constante pour les essais de vaccins en Afrique est devenue une question sensible et controversée, en raison de plusieurs cas de chercheurs occidentaux menant des essais non éthiques dans des pays africains [4]. De nombreux scientifiques étrangers ont été accusés d'entreprendre des expériences médicales sur des personnes d'origine africaine, même aux États-Unis.

Au début de cette année, un groupe de scientifiques français a été fortement critiqué pour avoir suggéré que l'Afrique était un endroit approprié pour tester des vaccins contre la COVID-19, car « il n'y a pas de masques, pas de traitements, pas de réanimation ». Cette déclaration a été fortement contestée par le Dr Tedros Adhanom Ghebreyesus, directeur général de l'Organisation mondiale de la santé.

Cependant, des cas comme celui-ci ont créé un climat d'incertitude quant à l'engagement éthique des personnes impliquées dans les essais de vaccination contre le coronavirus en Afrique.

L'incorporation de cette plateforme d'identité numérique biométrique dans le processus de vaccination contre le coronavirus a accru les spéculations sur un Nouvel Ordre Mondial [5].

Alors que certains se moquent de ces théories du complot, d'autres soutiennent que l'épidémie de coronavirus est un effort intentionnel pour promouvoir un programme inconnu dirigé par de grandes sociétés pharmaceutiques comme *Pfizer* et s'appuyant sur la technologie — en particulier avec Bill Gates, *Mastercard* et *Trust Stamp* maintenant dans le circuit.

La vaccination contre le coronavirus serait volontaire, mais le programme Wellness Pass de Mastercard, qui doit être lancé prochainement et auquel participent GAVI et Trust Stamp, suscite quelques inquiétudes. Le programme Wellness serait d'abord lancé en Afrique de l'Ouest, parallèlement à un programme de vaccination contre le COVID-19 lorsqu'un vaccin approuvé sera disponible.

Mais beaucoup soulignent le fait que si cette vaccination par implant biométrique était volontaire, elle comporte une réserve qui pourrait révéler d'autres plans contraires à l'éthique.

Le système d'identification biométrique, fortement soutenu par *Mastercard*, utilise une technologie appelée Evergreen Hash qui crée un « masque 3D » généré par l'IA à partir d'une seule image de l'empreinte digitale, du visage ou de la paume d'une personne. Selon Gareth Genner, PDG de *Trust Stamp*, les données originales contenant le nom d'une personne ou d'autres identifiants traditionnels sont remplacées par des clés de chiffrement une fois le masque 3D créé.

Toutefois, le nouveau programme Wellness Pass suscite de vives inquiétudes en raison de son lien avec les solutions de paiement numérique sans numéraire, qui sont au cœur du modèle économique de *MasterCard*. Cela pourrait signifier que cette pièce d'identité numérique deviendrait bientôt obligatoire, d'autant plus que les méthodes de paiement sans espèces et sans contact ont toujours été considérées comme un mode de transmission de l'infection par GAVI et les organismes de réglementation comme l'Organisation mondiale de la santé depuis le début de la pandémie au début de cette année.

Par la suite, sans cette nouvelle carte d'identité biométrique, les gens pourraient ne pas être en mesure d'accéder à certains services essentiels tels que les soins de santé, la nourriture et les transports, entre autres.

Certains groupes chrétiens s'insurgent contre ce mode de vaccination [6], affirmant que cela revient à accepter la « marque du diable » dont parle la Bible. D'autres groupes affirment que cette technologie n'a rien à voir avec l'antéchrist et qu'elle doit simplement être mieux comprise.

Quoi qu'il en soit, le sentiment général est que la pandémie et les programmes de vaccination étaient prémédités, compte tenu de l'urgence à développer et à tester un vaccin.

Selon Céline Deluzarche, dans un article paru sur Futura-Sciences [7], « il faut entre 15 et 20 ans pour obtenir un vaccin efficace, non toxique et utilisable » en raison des nombreuses étapes et études nécessaires à la création d'un vaccin sûr pour une utilisation à grande échelle.

Alors que *Pfizer*, *Mastercard* et GAVI travaillent sur un programme de vaccination par identification biométrique, la théorie veut qu'il soit utilisé pour le contrôle des populations et la surveillance par la classe dirigeante.

Le milliardaire Bill Gates, dont la fondation a contribué à hauteur de plusieurs millions à la recherche et au développement d'un vaccin contre le coronavirus, a déjà démenti ces théories [8] d'utilisation d'implants numériques pour contrôler la population.

Alors qu'il n'existe toujours pas de médicament ou de vaccin approuvé par la FDA pour le coronavirus, des questions sont continuellement posées par le public concernant la sécurité de ces vaccins en production.

Références

1.   Coronavirus Cases. (2020). *Worldometer*. Consulté le 14 novembre 2020. *https://www.worldometers.info/coronavirus/*
2.   Pfizer's Belgian site will produce millions of doses of COVID-19 vaccine. (9 novembre 2020). *The Brussels Times*. Consulté le 14 novembre 2020. *https://www.brusselstimes.com/news/ belgium-all-news/140 059/pfizers-belgian-site-will-produce — millions-of-doses-of-covid-19-vaccine-puurs-antwerp-biontech — kalamazoo-michigan-koen-colpaert/*

3. Public-private partnership launches biometrics identity and vaccination record system in West Africa. (10 juillet 2020). Privacy International. Consulté le 14 novembre 2020. *https://privacyinternational.org/examples/4083/public-private-partnership-launches-biometrics-identity-and-vaccination-record-system*

4. First African trial of a COVID-19 vaccine. (30 juin 2020). GAVI. Consulté le 15 novembre 2020. *https://www.gavi.org/vaccineswork/first-african-trial-covid-19-vaccine*

5. Miracle cures, New World Order and a Bill Gates plan: The most absurd Coronavirus conspiracy theories. (6 octobre 2020). *Moneycontrol*. Consulté le 15 novembre 2020. *https://www.moneycontrol.com/news/photos/coronavirus/miracle-cures-new-world-order-and-a-bill-gates-plan-the-most-absurd-coronavirus-conspiracy-theories-5930401.html*

6. Biometrics, Fingerprint Technology, and the Mark of the Beast. (22 août 2012). Calvary Chapel Jonesboro. Consulté le 14 novembre 2020.

7. *https://www.calvarychapeljonesboro.org/prophecynews/biometrics-fingerprint-technology-and-the-mark-of-the-beast*

8. The COVID-19 Vaccine. The Imposition of Compulsory Vaccination with a Biometric Health Passport? (3 octobre 2020). SGT *Report*. Consulté le 15 novembre 2020. *https://www.sgtreport.com/2020/10/the-covid-19-vaccine-the-imposition-of-compulsory-vaccination-with-a-biometric-health-passport/*

9. Bill Gates denies conspiracy theories that say he wants to use coronavirus vaccines to implant tracking devices. (22 juillet 2020). CNBC *News*. Consulté le 15 novembre 2020. *https://www.cnbc.com/2020/07/22/bill-gates-denies-conspiracy-theories-that-say-he-wants-to-use-coronavirus-vaccines-to-implant-%20tracking-devices.html*

www.ingramcontent.com/pod-product-compliance
Lightning Source LLC
Chambersburg PA
CBHW050723030426
42336CB00012B/1387